ص. 369-370

ՀԱՅԿԱԿԱՆ

ՑԻՍՆԱԿ ԱՌԱԿ

Ա. ՏԱՍՆԵԱԿ

Ա.

Սարիկ

Սարիկ յանկարծ թեւիկ բացաւ,
Մօրկան ծոցէն արագ թըռաւ։
«Սարիկ, ո՛վ դու,
Ըսէ, ինչո՞ւ
Այդպէս շուտ կը թռչիս.
Սարեկիկ, չը խօսի՞ս»։
Սարիկ լռեց,
Սարիկ լռեց։
«Սարիկ, ձայնէ՛, անտառ ու ձոր
Թող քո ձայնէդ թնդայ այսօր»։
Սարիկ լռեց,
Սարիկ լռեց։

«Ի՞ր այդպէս լըռիկ մնջիկ
Կը թռչիս, մատղա՛շ Սարիկ»:
Սարիկ լըսեց,
Սարիկ լըռեց:
Սարիկ աչեց, ոտքիկ տեսաւ,
Ծառէն կախուած սագիկ տեսաւ:
Հոն թըռաւ,
Թառեցաւ:
Սարկին տոտիկ սագին դըպաւ
Սագին դըպաւ, ձայնիկ ելաւ,
«Ախ հայրենիք,»
«Ախ հայրենիք»:
Սարիկ լըսեց, գլխիկ կախեց,
Տխրալի՛ ձայն սրտէն հանեց.
«Ախ իմ բոյն,»
«Ախ իմ բոյն»:
Որսորդ ձայնն առաւ,
Ծառին նայեցաւ.
Սարիկ տեսաւ,
Նըշան առաւ.

Սարկին պարկաւ ,
Կուրծքին զարկաւ .
Սարիկ ընկաւ ,
Սարիկ մեռաւ ։

———

Սարիկ կապէն էր ,
Սաղիկ սրտիկն էր .
Թռչողն հոգին էր ,
Երգողն սրտիկն էր .
Հոգին թռաւ ,
Սրտին գլայաւ .
Սրտէն ձայն ելաւ ,
Հոգւոյն աչք լացաւ .
« Ա՛խ հայրենիք »
« Ախ հայրենիք » ։
Որսորդն հասաւ ,
Երբ ձայնն առաւ .
Նշան առաւ ,
Սրտին պարկաւ .
Կապէն ընկաւ ,

կայծն մեռաւ․
Կայծն բարուոյն տալ
Եղաւ Նահատակ*։

Թ․

Ուխտաւոր Աղուես

«Ի՛նչ անուշիկ,
Ո՛վ աքլորիկ,
Սիրուն կ'երգես»․
Կ'ըսէր Աղուէս։
«Գիշեր ցերեկ հոս մընայի,
Գեղգեղ ձենիկդ ես լըսէի․
Այլ շատ ափսո՛ս, որ վաղուընէ
Պիտի զրկուիմ ձայնդ լըսելէ․
Չի մեղաւորս առ Տէր ուխտի
Սուրբ Կարապետ երթայ պիտի։

---

* Կարապետ պատանի քսանամեայ, որ անկաւ, երբ կրկին գնայր ի Զէյ-թին ի 1870 ամի։

Ա՜խ, Աքլոր,
Դուն այսօր
Աչքիս ծորցունք պիտի սրբես,
Թէ ինձ հաւնոց առաջնորդես.
Հոն թողութիւն մեղացս ամէն
Պիտի ուզեմ ձեր հաւերէն»։
Խաբեբային այս խօսքերէն
Աքլորին սիրտն ելած արդէն,
Ըսաւ. «փութա,
Հաւնոցն ահա»։
Վազեց Աղուէս, ուր կը խղդէր
Բոլոր հաւերն ու կը ժղլէր.
«Ով Աքլոր,
Գիտես որ
Դիւրին չէ երթալ ուխտի
Անպաշար ու անօթի
Այլ կուշտ
Անշուշտ»։

———

Կեղծաւոր բարեպաշտօն
Չար մարդիկ կան քանիօ՛ն ,
Որք մինչև ըզմեզ խաբեն ,
Ի՞նչ անոյշ կը քարոզեն :

Փ.

Օձ եւ Արտոյտ

« Արտուտիկ ,
Քո տոտիկ
Պագնեմ ,
Լիզեմ :
Ախ , քիչ կենայիր ,
Ինծ դուն լըսէիր ,
Ապա երթայիր » :
Այսպէս ահա օրին մին
Օձ մը կ'ըսէր Արտուտին :
« Իրաւ կ'ըսեմ , այս խեղճ կեանքէն
Երկրի վրայ միշտ սողալէն
Զզուեցայ
Ձանձրացայ :

Երբ կը յիշեմ քանի անգամ ,
Թէ քաղաքներ , տուներ փարթամ
Կան աշխարհիս ամեն կողմեր,
Կը քաշեմ ես որչա՜փ ախեր ։
Ա՜հ , ի՞նչ կըլլար , ով Արտուտիկ ,
Թէ տանէիր զիս քո հետիկ » ։
« Օձուկ , շատ լաւ
Արտոյտն ըսաւ ․
«Բայց չը գիտե՞ս, որ ես ի՞նչպէս
Հեռու տեղեր տանիմ ըզքեզ ,
Երբ մէկ պըզտիկ
Եմ ճնճուղիկ » ։
— «Այսօր ճարն՝ հաւատացէք,
Եթէ, Արտոյտ, լսել ուզէք,
Գիտեմ ․
Ըսե՞մ ։
— « Ըսէ , Նայիմ,
Կը հաւանի՞մ » ։
— «Կը սըլլուիմ ես քո վըզին ,
Քեզ հետ մէկտեղ կերթանք գիւղըս

Կըննենք պըտոյտ ,
Զըլլա՞ր , Արտոյտ »։
Երկար չընեւմ խընդիր օձին
Հաճոյ եղաւ մեր Արտուտին.
Եւ միասին
Ելան դաշտին ։
Բայց շատ վայրկեան դեռ անցած չէր,
Օձուկն այսպէս երբ կը խորհէր ․
« Սխմեմ վիզը այս Արտուտի ,
Թող վար ընկնի ու սատակի ․
Իսկ ես
Ըսես
Շատ լաւ գիտեմ , որ թէ կենամ
Սա արտին մէջ , բա՛ն մը կըլլամ ։
Ըսաւ ․
Ըրաւ ։
Բայց յոյսն արդարև
Ելաւ ի դերև ․
Որովհետև երբ վար ընկաւ ,
Իւր գլուխն ալ քարին եկաւ ․

Ջաղխեցաւ
Սատկեցաւ ։

Երբ չար խորհիս ,
Կը պատժուիս ․
Խիկարին քարոզած
Յիշէ՛ դուն այս առած
«Երբ չար գործես ,
Չար կը գտնես » ։

Գ ․

Կարիճ եւ Գորտ

Կարիճն ու Գորտ
Լըճի մը քով
Իրար գտան ,
Ընկեր եղան ։
Թերեւս ըսես , կարելի՞ է ,
Պիտի՛ ըսեմ , թէ ինչո՞ւ չէ
Բայց առակիս

Մտքին նայիս ,
Կարծեմ ինէ
Փոքր ի շատէ
Կը յուսամ ,
Բարեկամ ,
Գող կըլլաս ,
Կ'իմանա՞ս :

Կարիճն ու Գորտ
Իրաւ խելօք
Բաւական
Ապրեցան :
Սակայն Կարիճն այսպէս
Օր մը գորտին ձայնեց .
« Գորտ աղբար ,
Լաւ չըլլա՞ր ,
Որ մի անգամ լըճէս անցնին
Երթանք գիտել ի միասին .
Թէև ես ոչ , ինչպէս գիտես
Լողալ չգիտեմ , որ կամ հետ քեզ »

— «Հոգդ հատերէ,
Այդ ալ բա՞ն է։
Երբ չալկել զքեզ
Կարող եմ ես»։

Վերջապէս ի գործ դրին,
Իրարու ինչ որ ըսին։
Բայց հազիւ մէկ քիչ ատեն
Անցած էր, կարիճն անդէն

Գորտին խայթեց,
Կրկին խայթեց։

Գորտն անդէն ուֆ ուֆ սլուաց.
Եւ ըսաւ ձայնիւ մարած.

«Կարիճ աղբար,
Ինչո՞ւ համար

Դու չարաչար զիս կը խայթես,
Գոնէ պատճառն ի՛նչ է, չըսե՞ս»։

— «Ո՛վ Գորտ ընկեր,
Չը կիտե՞ս դեռ,

Որ կարիճք սովոր են ,
Երբ մարմին թէ գըտնեն ,
Անպատճառ կը խայթեն .
Բնական է , ի՞նչ ընեն» :
— «Նա՛ , բայց Կարիճ ,
Գիտցիր հիմիկ ,
Որ գործերն ալ ջուրց խորունկէն
Լողալ կուզեն . էհ , ի՞նչ ընեն ,
Այս ալ բնական
Մեզ է միայն :
Ուստի լսէ ,
Ինծ՛ ի՞նչ հարկ է ,
Ջրին երեսէն տանիլ ըզքեզ ,
Քանի դու չար կենդանի ես» :
Ըսաւ չըսաւ
Գորտ սուզեցաւ ,
Կարիճն ըսես
Ջըրին երես
Մընաց ու տկռեցաւ .
Խղդեցաւ սատկեցաւ :

Այնպիսիներէ՝ որոց խայթել
Միշտ բնական է, հեռու փախչել
Պարտաւոր են
Մարդիկ ամէն ։
Երբ չար մարդուն
Թէ ըլլաս դուն
Բարեկամ ու աղբարուկ,
Ո՛րչափ ձիւն փորձանք գլխուդ
Իրարու վրայ
Նայէ կուգայ ։

Ե.

Ճանճ

Փչեց քամին
Հիւսիսային.
Անձրև կուգար,
Ու ձիւն կուգար ։
Ճանճ կը մըսէր,
Քանզի ցուրտ էր ։

«Ոհ, ո՞ւր գտնեմ տեղ մը տաքուկ,
Ուր տեղ երթամ ես հիմակուկ»։
Կ'ըսէր կ'ըսէր,
Կը թռչըտէր։
Յետոյ պատին վրայ կեցաւ,
Ծունկ մը տուաւ ու զայս ըսաւ.
«Աստուա՛ծ, այսպէս ոլմքած սըքլած
Ու կաս-կապոյտ ցրտէն եղած
Մրսիմ.
Սատկի՜մ»....։
Ըսաւ,
Լացաւ։
«Միտքս ընկաւ հա,
Ի՞նչ լաւ կըլլայ.
Մամուկն ահա տես պառկած կայ,
Անուշ անուշ կը քընանայ.
Անշուշտ եթէ երթամ հիմա,
Նա կողորմի խեղճիս վրայ։
Երթամ,
Ձայն տամ»։

Կարող չէ, սակայն ո՞ւր էր,
Որ և այդպէս սրտիկդ լինէր.
Ընել կ՚ուզեմ սրտիկդ ըսար
Անուշ՝ գթոտ ու բարերար».

Կկուն ըսեր
Պատասխանեց։

«Վի՞շտ մը ունիս, Աղուէս աղբար,
Ըսէ նայիմ, գիտե՞մ մէկ ճար».
—«Որսորդներէ հազիւ փախայ,
Բայց վիրաւոր արիւնլըւայ.
Ոհ, հիմակուկ,
Բարի՛ Կըկուկ,
Մինչ ծարաւ էս
Կը մարիմ ես,
Մէ՛կը չը կայ որ մէկ պըտիկ
Տայ ինձ գոնէ պաղուկ ջըրիկ։
Ո՞ւր էր որ դու քու կտուցով
Ձորէս ջուր մը տայիր շուտով
Գէթ յանուն
Մօրդ արեւուն»։

Անխնելք Կըկուն
Այս աղուխսուն
Հաւատաց
Ու գընաց ։
Բայց երբ դարձաւ, և իր կըտոու,
Նորա բերնի մէջ երկնցուց ,
Նա իսկոյն սխմեց խղդեց ,
Եւ անյագ. կերաւ լափեց ։

Երբ բարի ընել ուզես ,
Զայս առած յիշել պէտք ես ,
Թէ « զօձ գրկես,
Խայթէ ըզքեզ » ։
Քանզի չար մարդուն
Երբ բարի ընես դուն,
Փոխարէն
Այն մարդէն
Դուն բարի մի յուսար ,
Բարեկամս , իմացա՞ր ։

Բայց թէ ըսես,
Ո՛չ այդպէս.
Ես յայնժամ,
Բարեկամ,
« Արիւն քո ի քո գլուխ ».
Քեզ կ'ըսեմ, կը մեկնիմ շուտ։

Է.

Օձ, Գորտ, Կրիա

Օձն ու Գորտ ու Կրիան
Մէր կապեցին մտերմական։
Բայց Օձուն չարական
Ով ըլլայ բարեկամ
Նա անկասկած
Խենդ է ցնդած։
Որ շատ չանցաւ։ երբ չար Օձը
Խղդեց կերաւ տըկար Գորտը։
Բայց Կրիան
Աս ժամայն

Բարկացաւ ,
Դատ բացաւ ։
« Այս ի՞նչ է, կ՚ըսէր, Օձ չար,
Ապրիլ հետ մեզ դուն խոստացար
Ձերդ ընկեր
Բարեսէր » ։
— « Սատանէեցի, ի՛նչ հարկ կայ քեզ,
Ո՞վ դատաւոր դրաւ ըզքեզ » ։
— « Բայց դաշներդ զէթ ո՞չ յիշես » ։
— « Դաշն ի՞նչ է , դուն կը յիշե՞ս ,
Որ մէկ աղուէս քարոզ կարդաց
Թէ « իրաւունքն է հզօրաց » ։
Կրիան լռեց ,
Բայց քէն պահեց ,
Ուստի օր մը երբ այն չար Օձ
Պըտոյտ կ՚անէր ի մէջ խոտոց ,
Կրիան դընաց
Կամաց կամաց
Խածաւ անդէն
Նորա պոչէն ։

Օձ սարսափած կըսէր այսպէս.
Թէ ինչո՞ւ զիս կը չարչըրկես.
Մեր դաշնը դէթ յիշէ՛,
Եւ ազատ զիս ձըգէ »:
— «Դու կ'ըսէիր դաշըն չը կայ
Ամենեւին երկրիս վերայ.
Իսկ իրաւունքն է հըզօրաց,
Ո՞չ ապաքէն ագուէսն ասաց.
Ուստի, չա՛ր,
Պատիժդ առ»:
Օձն, օրն ի բուն չարչըրկեցաւ,
Քարէ ի քար իւր գլուխ զարկաւ.
Ճզմեցաւ
Սատկեցաւ:

—

Այս առակ
Տարունակ

Երբ դուք լըսէք,
Քոյս յիշեցէք.
«Զոր քարոզես
Ըզնոյն լըսես»:

Ը.

ՇՈՒՆ

«Բարկութենէս
Ահա կարծես
Ես կը ճաթիմ,
Հուր կը կտրիմ.
Ծօ, սա նայէ,
Ինչ ըսել է,
Որ ապուշ ոչխարաց
Սա խեղճուկ կենդանեաց
Ըլլամ միշտ ես
Ծառայ այսպէս։
Գիշեր ցերեկ անքուն հսկեմ,
Միշտ հոն ու հոս ես պահպանեմ.
Մէկ մ'ալ տեսնես,
Ի՞նչ կը լսես.
«Շըներ, ո՞ւր էք,
Հասէք, հասէք»։
— «Ի՞նչ կայ»։

—«Գայլ եկած է, վազեցէք հա.
Գող եկած է, բռնեցէք հա»։
Ծնչապատ կը վազվռտենք,
Կը փախցընենք կամ կը բռնենք.
Բայց մեր բուզղին յանկարծակի
Գող գայ կամ գայլ, տանաւ տանէ
Մենէ գառնուկ
Մէկ ոչխարուկ,
Ծղո՜ւկ մեզ, հովիւք ամեն
Ինչեր մեզ կը հասցընեն.
«Դուք ծոյլ էք,
Սանկ նանկ էք».
Կ'ըսեն կ'ըսեն
Ու կը տըփեն։
Ով Տէր Աստուած,
Այս ի՛նչ չարքաշ
Կենաց ըզմեզ
Վիճակեր ես։
Իսկ մերին վարձք, ով տէր, ի՞նչ է.
Կամ մէկ քանի չոր ոսկոր է,

Կամ մէկ քանի հացի կտոր ,
Ամէնն ամէն այս են բոլոր ։
Գիշեր ցերեկ մենք կը տատինք ,
Բայց ուխտարի չափ յարգ չունինք ։
Է՛հ , ի՞նչ հարկ կայ
Ըլլալ ծառայ ։
Երթա՛մ լեռներ , ձորեր շրջել
Դաշտեր չափել , ազատ ապրել » ։
Երկար բարակ Ցուն խօսեցաւ ,
Հուսկ գլուխն առաւ ու մեկնեցաւ ։
Բայց Գոմլուն մէկ հանդիպեցաւ
Երբ այս Ցանը , նախ զարմացաւ ,
Այս ունայց , « ա՛ Ցուն աղբար ,
Տրտում տխուր ինչո՞ւ համար
Կը թափառիս
Անդին ասդին ։

— « Զզուեցայ ,
Ձանձրացայ
Ոչխարներէն ,
Հովիւներէն » ։

— « Բարի եկար ,
Ծնիկ աղբար ,
Եկուր ուխտենք եղբայր լինել ,
Ի միասին սիրով ապրել .
Բայց հիմա թէ անօթի ես
Եկուր յորջըս , հոն ես տամ քեզ
Խիստ կակուղիկ
Համով մըսիկ » :
Երկար չըննեմ ի միասին
Խօսակցելով եկան գացին :
Ուր մեր Ծընիկ լաւ կըշտացաւ ,
Խորունկ խորունկ հոն քնացաւ .
Բայց արթընցա՞ւ այն խոր քունէն ,
Դեռ չարթընցաւ , չելաւ կ'ըսեն :
Պատճա՞ռ .
— Եղբայր ,
Վասն զի գայլուն կամք
Զայն խղդել էր ուզած :

Հազար անգամ կարծեմ ըսուած
Միշտ անդադար է քարոզուած ,

« Ով որ դոհ է,
Երջանիկ է »:
Յիշեցէք միշտ և այն տուած
Որ Խիկարէն է հռչակուած.
«Անձրևէն երբ կը փախչիս,
Կարկուտի կը հանդիպիս,
Եթէ խելքդ առաջնորդ քեզ
Դու ընել անկարող ես»:

Թ.

Ագահ Ոզնի

Ելաւ գընաց Ոզնին օր մը
Խաղող գողնալ այգին մը:
Բայց ի՞նչ կըսես, երբ հոն հասաւ,
Մէկ Կըրիայ յանկարծ տեսաւ,
Որ իր հաստ վիզ երկարցուցած
Կարմրուկ կուզերն խիստ հասունցած
Կուշտուկուռ
Ցորկոր իւր
Կը հաէր,

Կը թռչի ։
Նախանձեցաւ,
Կատաղեցաւ ։

Ուստի անդէն փշեր անկեց,
Դէպ ի Կրիան շուտով վազեց ։

«Ո՞վ կըլլաս դուն, սաւազակ գող,
Որ հոս եկեր կ'ուտես խաղող ․
Ըսէ՛, ըշքեղ
Հոս ո՞վ խրկեց ։

Իրաւ կ'ըսեմ, հաւատա դո՛ւ,
Որ փշերովս աչերդ երկու
Կը փորեմ,
Կը հանեմ ։

— «Կուռոյ, եղբայր, ի՞նչ հարկ կայ․
Այգիին մէջ քանի որ կայ
Խաղող շատկեկ,
Բաւ ինձ ու քեզ ։

Այգետէրն երբ դուն չես,
Քեզ ի՞նչ փոյթ, թէ՛ թխեմ ես

Այգւոյս
Ողկոյզ » ։

« Ի՜նչ, աւազակ, ո՞վ ըսաւ քեզ
Քարոզ կարդալ ինծի այդպէս ։
Այգետէր ըլլամ չըլլամ,
Երբէք թող պիտի չըտամ
Որ ուտես դուն
Խաղողս հասուն » ։
Ըսաւ. վազեց Կիտոյին քով,
Հաւքեց կուզերն իւր փշերով.
Չը թողուց
Որ մէկ հուզ
Նա ուտէր
Ու մեկնէր ։

— —

Ագահ մարդիկ ու նախանձոտ
Ո՞վ կը հաւատայ, թէ սիրտ գթոտ
Ունին,
— Չունին ։

Թէ գործ չունիս ծակաչք մարդուն
Միշտ քարոզէ արդարութիւն ,
Թէ բան չունիս նըմա բսէ .
«Բարիք բնութեան , եղբայր , բաւ է
Թէ քեզ թէ ինձ , արդ՝ ի՞նչ հարկ կայ
Անկուշտ աչօք եղբօրդ վերայ
Նայիլ նայիլ
Ու նախանձիլ »:
Դուն կըյուսա՞ս
Որ քո ասած
Նա լըսէ ,
Քեզ մըռէ ,
Մի յուսար ,
Ո՜վ եղբայր :

Ժ.

Հպիտ եւ Ծպիտ

Տօն օր մի
Դէմ դէմի
Հպիտն ու Ծպիտ
Ի դէմս ժպիտ

Իրարու պատահեցան ,
Շատ երկար խօսակցեցան ։
Նախ Հայլիտ
Սւ Ծայլիտ ,
Շորորալով ու նայելով
Հապարումէկ իւր ձևերով՝
« Ողջոյն , գոչեց ․
Տէր , դուն ո՞վ ես » ։
— « Ես ծաղկելոյս պաշտօն ունիմ
Գրաւել յիս Սէր մտերիմ .
Անկեղծութիւնն ի ներքուստ ես
Միշտ կը պահեմ սրտիկիս մէջ ․
Բայց չո՞ր
Աշխարհ ,
Ուր ամէն բան եթէ յայտնի
Խօսուի գործուի , կամ ցոյց տրուի
Ոչ կոկիկ ձևով
Սուտ ու կեղծ տեսքով ,
Պարզուկ մարդն միշտ անպատճառ
Միթէ չը՞լլար խաղք չարաչար ։

Բայց դուն ո՞վ ես, ով բարեկամ,
Ըով նայիս ես խմանամ»:

— «Մարի՛, միենոյն
Ունիմք պաշտօն։

Ես ալ հայտէլուխ, տէր,
Կը ջանամ գրաւել ըզՍէր։

Ո՛չ, չա՛ր
Աշխարհ,

Ուր Սիրոյ աչք միշտ անդադար
Հոկ արտաքին խենդ ու խելառ

Զուարթ խօսքի,
Պերճ նազանքի

Կուշտ կը նայի
Կը կարմըրի՛...

Իսկ պարզ մարդուն ո՞վ կը նայի։

Ո՛հ, Սիրոյ մէջ ճիշդ յաջողուիլ
Կարելի է, եթէ հոտիլ

Ունիս.

— Զունի՞ս,

Հաւատա՛ որ կը լինիս
Միշտ անյաջող. ո՛վ Ժպիտ»:
— «Ոչ թէ դու ո՛չ, ընդհակառակն
Ես կը տանիմ միշտ յաղթանակ»:

Այսպէս երկոքեան
Երկար վիճեցան
Թէ ո՞վ սիրոյ
Է ճիշդ հաճոյ:

Բայց վերջապէս հարկ դատեցին
Իրենց պաշտած ասուսրկային

Դիմել
Ըսել.

«Քեզ սիրական, Տէրիմ, ըսէ՛,
Մենէ ո՞րն է, ճշդիւ ընտրէ՛»:
— «Գացէք, հարցէք առ Ճշմարիտ,
Ես կ'ընդունիմ Նորա վճիռ»:
Բայց երբ գնացին, այս կարճ առին
Կա՛րճ պատասխան «ձենէ ո՛չ մին»:

———

Որք խաբեախօսեն
Վարք բարք ունին դէշ,
Այնպիսիներ ճշմարտութեան
Առջեւ միշտ խաղք պիտի ըլլան:

Բ· ՏԱՍՆԵԱԿ

Ա.

Աղուէս եւ Օձ

Աղուէսն ու Օձ իրար գըտան,
Մտերմաբար խօսակցեցան.
Խորհուրդ ըրին,
Սէր կապեցին,
Որ իրարմէ ամենեւին
Ինչ որ ըլլայ՝ չը բաժնուին:
Այն օր Աղուէս լեզու թափեց.
«Օձուկ աղբար, դուն սողնոց մէջ,
Իսկ ես ըսես անասնոց մէջ
Միթէ չե՞նք մեք յոյժ խորագէտ:
Ընկերութեամբ երբ ապրինք մենք,
Գո՛գ կենդանեաց պիտի տիրենք.
Կենդանին մ'ալ չ'ըլլայ պիտի,
Որ մեր գլխի մազին դպչի»:

Երկար չընեմ, զոր խորհեցա՞ն
Ի գործ դընել դաշնակցեցան ։
Բայց ո՞վ չգիտէ,
Խիկար կ՚ըսէ․
Թէ չարերուն ընկերութիւն
Կարելի չէ լինել տեւուն ։
Արդարեւ շատ օր չէր անցած,
Երբ երկոքին հասան յանկարծ
Առուի մը քով․
Ուր Օձ լալով
Ըսաւ․ «Աղուէս,
Դուն լաւ գիտես,
Որ երբ լողալ չը գիտեմ ես,
Ջրէս անդին անցնիմ ի՞նչպէս ։
Աղուէս աղբար,
Միթէ չ՚ը՞լլար,
Որ ես վըզիդ պինդ փաթթըւիմ,
Ու այս կերպով ջըրէս անցնիմ» ։
— «Ինչո՞ւ չ՚ըլլար,
Օձուկ աղբար» ։

Ըսաւ Աղուէս, ու Թող տուաւ.
Օձուկ վերջին պըլլուեցաւ:
Բայց լսեցէք,
Ու զարմացէք.
Թէ այն Օձ ի՞նչ կը խորհէր
Նոյն պահուն, և ի՞նչ կ'ընէր:
«Վիզը սըխմեմ ու սատակեմ,
Յետոյ գըլխին ծուծը ուտեմ»:
Ըսաւ.
Ըրաւ:
Քիչ մնաց որ զԱղուէս խեղդէր,
Թէ նա ճարպիկ չը գտնուէր,
Չ'աճապարեր,
Իրեն չ'ըսէր.
«Օձուկ աղբար, մընաս բարեաւ,
Այժմ ա՛հ, մահու կ'զգամ մէկ ցաւ.
Միակ խնդիր քենէ ունիմ,
Վերջին անգամ կը պաղատիմ,
Որ կատարել գոնէ հաճիս.
Ըսե՞մ, եղբայր, լըսել կամի՞ս»:

— «Ըսէ․
Ի՞նչ է»։
— «Ա՜խ, միանգամ երկարէիր
Փուլկին գլխիկ, ճակտէդ սայիր
Ինծ մէկ պաչիկ,
Քի՛մ ընկերիկ։
Գէթ աչքըս բաց չը մեռնէի,
Երբըդ ինծ հետ ես տանէի»։
Խորամանկին այս խօսքերէն
Համոզուեցաւ Օձն անօրէն.
Ուստի գլխիկն երբ երկարեց,
Բոլոր ուժովն յանկարծ Աղուէս
Թօթըւըռուեցաւ.
Յաջողեցաւ,
Օձին գլուխը ակռաներին
Տակը առնուլ, ճզմել ուժգին։
Օձ տըքաց,
Հեկեկաց,
Կամաց կամաց թուլնալ սկըսաւ.
Իսկ երբ Աղուէս ջըլէն ելաւ,

Վըրան թօթուեց ,
ԶՕձ վար ձըգեց ։
Ցայտ է թէ երբ օձեր բոլոր
Վերջին մինչեն շունչ ոգւոր ,
Կը շտկըւին բոլորովին ,
Երկար բարակ կը փռուին ։
Սոյն օրինակ հոգեւարին
Զայս ականջէն Աղուէսն ինքնին
Կը մրմռար .
« Օձուկ աղբար ,
Աշխարհքիս մէջ ընկերաբար
Երկար ապրիլ մնալու համար ,
Շիտկ և այդպէս սրտով ուղիղ
Ոչ թէ բընաւ ծուռիկ մուռիկ
Ըլլալու է , իմացա՞ր ,
Օձ չար » ։

———

Ընտրեցէք ձեզ ընկեր
Ըզնա լոկ , ո՜վ մարդեր ,

Որ սիրտ ուզի՝
Ոչ թէ ծուռիկ
Ունի ձեզ հետ
Միշտ և յաւետ ։

Թ.

Կապիկ ճգնաւոր

Օր մը Աղուէսն ու խաժ Կապիկ
Խորին խորհուրդ նստան մէնիկ ,
Թէ ի՞նչպէս ճարեն դիւրին
Գիրուկ որսեր իրենց փորին ։
Կապիկին այսպէս
Աղուէս զրուցեց .
« Միակ ճարն ու հընար
Գիտե՞ս , ի՞նչ է , աղբար ,
Աշխարհիս մէջ կարծեմ գիտես,
Ճգնաւորին պատիւ այնպէս
Կայ .

Խաղ ու խինդն երբէք չը կայ։
Երբ այսպէս է, միթէ յիշե՞ս
Թէ ի՞նչ ընել կը մընայ մեզ.
— Լինել ճգնաւոր
Փառաւոր։

Գողութեան մէջ դուն մէկ հատիկ
Յաջողակն ես, ու շա՛տ ճարպիկ.
Ուստի հիմա կ'ելնես կ'երթաս,
Վարպետօրէն կը գողնաս
Սա մեր վանքին
Ճգնաւորին
Կապան ու վեղար.
Չըսե՞ս, լաւ չ՚ը՞լլար »։

Կապիկ չէ չըսաւ,
Յօժ հաւանեցաւ։

Յանկարծ լեռ ձոր մեծ համբաւ
Օր մը սփռուիլ ըսկըսաւ.
Թէ հրաշագործ մէկ ճգնաւոր
Բժիշկ ցաւոց է բիւրաւոր։

Աղուէսն ըսես երդում կ'ընէր.
Աստղին անդին կը քարոզէր,
Թէ երբ նա իր աջ դընէ
Ոյր վերայ, կը բժշկէ։
Կենդանիներ առ հասարակ
Հոն կ'երթային արագ արագ.
Կապկին խցլիկ կը մոնէին,
Սակայն անոր ո՞վ դուրս կ'ելնէր.
— Միայն զօրեղը.
Հապա տըկա՞րը.
— Համեղ խորտիկ իսկոյն կ'ըլլար
Ով որ Կապկէն էր քիչ տըկար։
Անցան օրեր, այս մեծ համբաւ
Քաջ Առիւծուն ականջն հասաւ.
Կուահեց իսկոյն թէ հոն խարդախ
Կապիկն՝ Աղուէսն կը խաղան խաղ.
Ուստի հրաման սա ձեւացաւ,
Մարթն ու վկայն տեսնել ելաւ։
Բայց երբ Կապիկն դըրաւ իր աջ,
Ցատկեց իսկոյն Առիւծըն քաջ.

Կը պատառտէր
Ու զայս կ'ըսէր.
« Դուն ի՞նչ սուրբ ճգնաւորիկ
Էիր, Կապիկ, որ իմ կեղծիք
Եւ թէ քու սոյն հետեւանք չար
Գէթ իմանալ կարող չեղար »։

Իսկ Աղուէսն երբ զայս տեսաւ,
Լեղապատառ ձըգեց փախաւ,
Կը վազէր
Ու կըսէր.
« Լաւ որ եղեր եմ փոքրաւոր,
Ոչ թէ աւէրոտէր ու մեծաւոր.»։

Գիտեմ մարդիկ այսպէս քանի,
Որք վերարկու հագած սուրբի՝
Ինչե՛ր կ'ընեն
Մարդկան առջէն.
Թէեւ աշխարհ գիտէ յայտնի,
Թէ չար մարդը երբ ալ ըլնի,

Անպատճառ՝
Չարաչար
Պիտի ըլլայ խայտառակ
Քանի սուտ չէ այս առակ ։

Գ.

Անձեղ

Ձմեռն եկաւ.
Անձեղն ըսաւ.
«Ճնճղուկներ,
Զիս ձեզ ընկեր
Ընդունեցէք,
Եղբայր ըրէք ։
Ձեզ հետ մէկտեղ կը մնամ,
Ամէն առտու կը ճռճռամ» ։
Ճնճղեր Անձեղին
Պատասխանեցին ։
«Շատ աղէկ, մեզ հետ մնա՛.
Ճռճռէ, տաղեր երգէ.

Բայց նայէ, որ մեր խըմբին
Վըրնաս չը տաս ամենևին»։
Անձեղ գող եղաւ,
Երդմամբ խոստացաւ։
Բայց երդումն ի՞նչ
Ջարին անխիղճ․
Քանզի իրաւ Անձեղիկ
Օր մը խեղդեց մէկ ճընճղիկ․
Իսկոյն ճնճուղք խմբովին՝
«Ինչո՞ւ ըրիր»․ հարցուցին։
— «Է՜հ, ի՞նչ ընէի,
Անօթի էի»։

— «Թռչնիկ չար, դու այդպէ՞ս
Քո խոստում կը պահես․
Միթէ մեզ պէս թէ ուտէիր
Ծըճի՝ որդեր, ի՞նչ կ'ըլլայիր»։
Ըսին ու վազեցին,
Կըտցեցին փախուցին։

Ընկերութեան մէջ չար մարդիկ
Բընաւ երբեք մի՛ ընդունիր.
Նոքա թէև երդում կ'ընեն,
Սակայն սուտ են, ձե՛զ կը խաբեն։

Դ.

Գայլ եւ Ոչխարներ

« Սանահար, ո՛ սանահար,
Կ'աղաչեմ քի՛չ մը կանգ առ.
Քեզ ըսելիք
Ունիմ հիմիկ.
Այս ի՞նչ վիճակ է մեր վիճակ,
Իրաւ կ'ըսեմ, շատ գէշ է շա՛տ։
Եղո՛ւկ, աւաղ.
Երկու օր է,
Անօթի եմ,
Ո՛հ, ի՞նչ ընեմ։
Սանահա՛ր,
Առոր ճաշ՝

Ի՞նչ կ'ըսես ,
Ձը գիտե՞մ . :
Գայլն Աղուէսուն որ մը այսպէս
Սարին ծայրէն խօսքեր նետեց .
— « Շիտակն ըսեմ .
Թէև գիտեմ ,
Բայց քո վերայ
Ես չեմ վստահ » .
— « Վստահ չե՞ս .
Ինչո՞ւ չես . :
— « Ով Գայլուկ ,
Կուտա՞ք դուք
Խօսք ճիշդ , որ միշտ ինչ որ գտնես
Ինձ և հաւասար բաժին հանես » :
— « Այո , հայրա՛ .
Գլխուս վերայ » :
— « Արդ՝ հիմա
Ես ահա
Կ'երթամ ինչ կ'ըսեմ կ'ընեմ ,
Ոչխարներ կը համոզեմ ,

Որ ըզքեզ կարգեն հօտին
Պահապան հաւատարիմ » ։
Նախ երկուքեան
Դաշնակցեցան ․
Ապա Աղուէս ելաւ գընաց ,
Ոչխարներուն սապէս ասաց ․
« Ոչխարուկնե՛ր , ես ձեզ կ'ըսեմ ,
Ձեր լաւութեան մէկ ճար գիտեմ ․
Ինչո՞ւ Գայլէն միշտ փախ քաշէք ,
Սարսափահար դուք կեանք վարէք ։
Ոչխարնե՛ր , տամ մէկ խրատիկ ․
Ըսէք , կ'ուզէ՞ք ընել մըտիկ » ։
— « Ի՞նչ է ․
Ըսէ՛ » ։
— « Ձեզ պահապան երբ Գայլն ընտրէք ,
Ոչխարուկներ , ի՞նչ կը կարծէք ․
Միթէ վընաս ձեզ արդարև
Կը պատահի՞ այնուհետև ․
Ես երաշխաւոր
Կը լինիմ անոր » ։

Աղուէսն այսպէս
Հոն քարոզեց.
Ծառեր կարդուց,
Խօսքեր տուող.
Որ սատանան եթէ լսէր,
Չը զարմանալ կարելի՞ էր.
Հօ՛տ ապուշ,
Ի՛նչպէս շուտ
Խաբերային համոզուեցաւ,
Որով Գայլուն պահնորդ եղաւ.
Իսկ և Աղուէս
Իրեն ընկեր։
Բայց օր չանցաւ, երբ Գայլն ըսես
Նոր այսպիսի հրաման հանեց.
« Անօթի եմ,
Միս կ'ուզեմ.
Կը մըսիմ, սամոյր կուզեմ.
Կը կատղիմ. օ՛ ձեզ կ'ըսեմ,
Խօ՞ւլ էք.
Ի՞նչ էք։

Անխելք Ոչխարք երբ լըսեցին,
Ափ ի բերան եղան մնացին ։
Հասկացան թէ խաբուած են
Խորամանկ Աղուէսէն ։

Որդեօք դուք այս առակ՝
Ո՛վ մարդիկ, կ'իմանա՞ք.
Աղուեսանըման
Երբ դուք մարդկան
Ականջ դընէք,
Որդեօք գիտէ՞ք,
Թէ լա՞ւ վիճակ
Դուք կ'ունենաք ։

Ծ.

Գորտ եւ Խեչեփառ .

Խեչեփառն օր մը վազեց,
Գորտին վըրէն հասաւ բռնեց .

Եւ ասաց
Բարկացած.
«Ըսէ. ի՞նչ կայ, որ օրն ի բուն
Լըճէս կ'ելնես, կըրկըռաս դուն։
Մինչև ե՞րբ
Լսեմք մեք
Քո աղաղակ,
Ծե՛ր չաղակրատ։
Այսօր ահա վերջ պիտի տամ
Քո անախորժ ձայնիդ անհամ»։
— «Հաւատա՛, ով իմ եղբայր,
Կ'աղօթեմ ես անդադար,
Որ ձորին ջուր ընէ Աստուած
Միշտ անըսպառ ու անպակաս.
Որպէս զի դուք հետ մեզ Գորտոց
Հանգիստ ապրիք ի մէջ ջըրոց»։
— «Քո այդ աղօթք ինձ ի՞նչ փոյթ,
Քանի որ ինձ կուտայ ձանձրոյթ.
Միթէ աղօթք ընես մտօք,
Տէր չըլսե՞ր կարծես արդեօք»։

Ըսաւ և իր մկրատ բացեց,
Խեղճ Գորտուկին պուկը սխմեց.
Պիտի հանէր նորա ոգին,
Եթէ կրիան հոն նոյն կէտին
Չը հանդիպեր
Ու չ'արգիլեր.
«Թո՛ղ զիս, պառաւ խեչեփառ.
Որ սատակեմ չարաչար,
Ձանձրացած եմ ձայնէն անհամ».
— «Ես ալ նոյնպէս, բայց այս անգամ,
Ներեմք, առնլով երդում իրմէ,
Որ այլ եւս միշտ ձայնը կտրէ.
Գորտ, ի՞նչ կ'ըսես.
Դեռ կը լռե՞ս».

Ճարահատած Գորտ խոստացաւ,
Եղո՛ւկ զըլխիս, նոյն իսկ երդուա՞ւ.
Բայց յաջորդ օր՝ եկուր տես,
Լռութենէն Գորտ կարծես
Կը ճաթէր,
Կը տկէր.

Քանզի ունէր բընոյթ սովոր,
Սրկուալ ի ձայն գիշեր և օր.
Ծառը հաաած՝ ալ ի՞նչ ընէ,
Կըրկըռ մը է, որ կը ձգէ։
Իսկ Խեչափառ կըրակ կըտրած՝
Ջորին մէջէն փախեց արագ,
Գորտին պըկէն
Բունեց անդէն.
« Ա՛յ դեղնած ծեր, շաղակրատ չա՛ր,
Ո՞չ ապաքէն դուն խոստացար
Զարձակել ճիկ ու ձայն.
Իսկ այս ի՞նչ, անպիտա՛ն։
Մեռի՛ր մեռիր, դրուժա՛ն վատ,
Սատկէ այսօր, ծեր շաղակրատ »։
Ըսաւ չըսաւ մկրատ սխմեց
Ու սատակը գետին ձըգեց։
Բայց իր վերջն ի՞նչ եղաւ,
Ծաղրելի յոյժ եղաւ։
Զի երբ վերայ այս յաղթութեան
Էր հըփացած Խեչեփառն այն,

Ի՞նչ լըսէ. — Իշուն զրզուոց.
Կը կտրէ կըակ ու բոց.
Եւ կ՚ըսէ. «Օ՛ն, երթամ,
Սըւոր ալ հոխէն զամ».
Կը ցատկէ ու կը խածնէ
Իշուն ոտք, բայց անկէ
Մէկ կից կուտէ
Շունչ կը փչէ:

— —

Բայց յանցանքը ոչ այնչափ
Խեչեփարին, այլ որչափ
Կրիային էր, որ անխոհական
Պայման դնելով՝ գործ դժուարական
Ընել կարծեց: Աստուած փրկէ
Մեզ այս կերպով գթացողներէ:

Զ.

Կապիկ գինով

Ունինք եղեր մէկ Կապիկ,
Ինծ կը պատմէր իմ մամիկ.
Անչափ ժիր, անչափ արթուն,
Որ բոլոր տնեցիներուն
Շատ սիրելի է եղեր.
Բայց մամէս շատ չէ սիրուեր:
Պատճա՞ռ.
— Եղբայր,
Մամիկս կ'ըսէր, երդում կ'ընէր,
Թէ բաւական ճարպիկ գող էր։
Սակայն օր մը
Մեծ փորձանք մը
Երբ մեզ կը բերէ,
Հայրս զինք կը ծախէ։
Գինիով լեփ-լեցունկեկ
Բակին մէջ տուճիկ կար մէկ։
Հայրս օր մը տուճկին փողրակ

Կը հանէ . քիչ ժամանակ
Գինին ճրճռ կը վազվըզէ ,
Հայրս կուռիկով կուշտ կը խմէ .
Կապիկն ըսես դաղտ կը դիտէ ,
Հոտ առնըլով՝ ախ կը քաշէ :

Երբ հուսկ ուրեմն հայրըս կ'երթայ ,
Կապիկ տուճկին կը մօտենայ .
Կուռիկ կ'առնէ , խից կը հանէ ,
Լեցուն կուռիկ մէկ կը պարպէ :

Կրկին կը կըմէ ,
Անուշ քէյֆ կ'անէ :

Բայց վերջըն ինչ ընէ .
Խըմելն իբր թէ քիչ էր ,
Խելք չ'ընէր ,
(Խելք ունէ՞ր .)

Փողրակիկը տեղը խոթել
Եւ գինիին փայն արգիլել
Գինին մինչ կը ծրճռայ ,
Ինք մէկ կողմ էան կուգայ .

Գինւոյն ճռճռիկ
Կ՚ընէ մըռիկ ։

Քըթին տակով կը ծիծաղի ,
Կարծես թէ կը մըրմըռի ։
Մասիս յանկարծ վար կ՚իջնէ ,
Սակայն ի՞նչ կը տեսնէ ․
Բակն է ծով դարձած ,
Գինին է թափուած ․
Կը պարմանայ ,
Կ՚աշլի կը մնայ ․
Մէկ մ՚ալ ի՞նչ տեսնէ ,
Կօշիկ գինով է ․
Փռուեր պառկեր է ,
Ձիւեր սնկեր է ․
Իսկոյն կը կռանէ ,
Կապուլ կը քաշէ ,
Կը տրփէ ,
Կ՚անիծէ ։
Վերջ հայրս տուն կուգայ ,
Երբ զայս կ՚իմանայ ,

Ի՞նչ ընէ .
— Տէֆ կ'ընէ .

—

Երբ չէ ծառայդ հաստատաբիմ,
Վա՜յ է եկեր սանդ ու գըլխիդ .
Այսչափ կ'ըսեմ
Ու կը լըռեմ :

Է.

Արցունքներ

Աչերը երկու
Հետ իրարու
Կատաղագին
Կը կռուէին :
Պատճառն ի՞նչ էր .
— Ըսեմ, այս էր :
Պատուհանէն իմ ծերուկ մամ
Երբ խելքին չար, շատ անգամ

Հատիկներ կը նետէր ,
Որ ուտեն իր հաւեր ։

Բայց ինչպէս աշխարհ ամէն
Գիտէ , թէ բնութեամբ են
Աքլորներ
Կռուասէր ։

Ուստի մեր պառաւիկ
Մէկ քանի ևս կըտրիկ
Օր մը ղատ կը նետէ
Եւ այսպէս կը ժղէ ։
Աքլորներ հոն հիմակ կ՚երթան ,
Իրարու դէմ ծեծ կը բանան .
Իսկ ատի ես կը դիտեմ ,
Խնդութով նոցա կ՚ըսեմ .
« Օ՛խ ըլլայ , անատակներ ,
Խեղճ հաւերս միշտ կոտողներ ,
Հիմակ իրար կոցեցէք
Եւ իրարու միս կերէք » ։

Ըսաւ .
Ըրաւ ։

Աքլորք ըսեն
Կայծակի պէս
Թըռան ,
Հասան ։
Բայց և կռիւ
Բրդաւ սաստիկ ·
Նախ իրարու խոռ նայեցան ,
Ապա իրար կըտցել սկըսան ·
Կը մռմռային ,
Կը պնդէին
Թէ « իմս է , քուկըդ չէ » ·
— « Ո՞վ ըսաւ · ոչ , ի՛մս է » ։
Մինչև իրկուն ծեծկըռուեցան ,
Արիւն քրտինք թափած մըտան ·
Եւ չարունակ դեռ իրար
Կը կտցէին չարաչար ,
Յանկարծ մէկ Կուզ հեռուէն տեսան ·
Երկուքին ալ միաբերան
Ձայնեցին · « Կո՛ւզ աղբարիկ ,
Կ'աղաչենք , կոց մէկ քըշիկ ·

Խըղճիդ համեմատ
Կըտրէ՛ այս մեր դատ ,
Ապա
Գընա» ։
— «Շատ աղէկ ·
Բայց գիտե՞ք ,
Աքլորներ ,
Որ կուզեր
Նուազ ինչ խուլ կ'ըլլան
Եւ այս է մեզ բնական ։
Ուստի քիչ մօտ եկէք ,
Եւ այնպէս խօսեցէք » ։
Աքլորներ մօտն եկան ,
Բայց ի՞նչ դատաստան
Գըտան կուզէն
Դատաւորէն ։
Կուզն անդէն եկաւ ցատկեց ,
Երկուքին վըզէն բռնեց .
Ուժով խեղդեց ,
Արիւն ծըծեց ։

Պառաւ մամիկս երբ զայս տեսաւ ,
Իրաւ թէև շատ զղջացաւ ,
Բայց՝ ինչ օգուտ . եղածն եղաւ :

Երբ դատաւոր իրենց դատին
Կ'ելնեն ընտրել փառ թշնամին ,
Թող յիշեն այնպիսիք
Այս առակ ճշմարիտ :

Ը.

Արջ , Աղուէս , Խոզ

Ընկերին
Չար խօսքին
Նայելու չէ ,
Խառնուելու չէ :

Լեռան մը դար ու վրա
Տեղ մը
Օր մը

Աղուէսն՝ Արջն ու Խող
Իրար կը գտնեն.
Երդում տալ կ՚ընեն,
Որ եղբայր ըլլան,
Միշտ սիրով մնան։

Բայց քանի օր հազիւ անցաւ,
Աղուէսն յանկարծ բերան բացաւ.
«Արջուկ եղբայր, ո՛ Արջ եղբայր,
Անօթի եմ, ամա՛ն, մէկ ճար»։
— «Համբերէ մէկ քիչիկ եւս,
Աստուած տայ որսեր թերեւս.
Ի՞նչ կը կարծես, միթէ քեզ պէս
Խիստ անօթի չե՞մ ես, Աղուէս»։

— «Համբերութեան ի՞նչ հարկ կայ,
Երբ մեզ պատրաստ ուտեստ կայ.
Տես ինչպէս այս դիրուկ Խոզ
Պառկած կայ հանդարտ անհոգ.
Օրն ի բուն կուտէ կը խմէ,
Անուշիկ քէյֆ կը քաշէ։

Իսկ օր մը մեք կշտացած՝
Հանգիստ անխռով քընացած
Ունի՞մք .
— Չունիմք ,
Այսպէս չըլլար , Արջուկ աղբար ,
Փնտռելու է մէկ դիւրին ճար ,
Ոչ թէ քաղցէ
Սատկելու է ։
Չըլլա՞ր , որ այս գէր Խոզուկ
Ուտենք այսօր , աղբարուկ » ։
— « Բայց , Աղուէս ,
Ո՞չ յիշես ,
Որ երդուած ենք հետ իրարու
Եղբայրաբար միշտ ապրելու .
Հապա պատիւ մեր ո՞ւր կ'երթայ .
Այնուհետեւ միթէ վստահ
Ո՞վ կըլլայ
Մեր վերայ » ։
— « Ամենեւին այդ մի մտածեր ,
Ճար մը գիտեմ դուն անհոգ լեր .

Մինչ զի երբ զայն դընենք ի գործ,
Ոչ ըզմեզ ոչ մեղադրէ ոք։

Լըսէ.

Այս է։

Պանիր կար, ո՞ւր է, կը գոչեմ ես,
Դուն աղ ես ի՞նչ գիտնամ, կ՚ըսես.
Վէճ կը հանեմ և կը պնդեմք,
Որ բերաննիս քննելու եմք։
Մեք իրարու համար կ՚ըսենք,
Երդմամբ այսպէս կը վկայենք.
Խաչ վըկայ,
Բան չը կայ։
Սակայն երբ գայ կարգը Խոզին,
Կը կանչուըռտենք ի միասին.
Բերնիդ մէջ, Խոզ, ահա
Տէր վըկայ, կըտոր կայ։
Դու ես կերեր,
Գող ես, ընկեր։

Նոյն ժամանակ զինք կը պատռենք,
Տաքուկ տաքուկ կը լափլըփենք։

Այն մեր գործ այսպէս ահա
Բաւական կ'արդարանայ ։
Սակայն սոքա չէին գիտեր ,
Թէ իրենց խօսք Խող կըլլէր .
Քանզի քուն չէր ,
Այլ ի միափ էր ։
Յաջորդ որ կախւ բրդաւ ,
Բանի գնաց սաստիկ տաքցաւ .
Հաւսի Աղուէս մէջ ընկաւ ,
Իւր խորհուրդ խօսեցաւ .
Այն ալ դնելով միակ պայման ,
Որ պոհ ստողն երթայ մահուան ։
Երեքեան իսկ հաւանեցան ,
Եւ փոխն ի փոխ քննուիլ սկսան ։
Բայց երբ կարգ Խոզուն եկաւ ,
Բերանն բացաւ՝ նոցա ըսաւ .
« Ոհ , եկէք ,
Նայեցէք » ։
Աղուէսն ըսաւ . « եղբայր Արջուկ ,
Նախ՛ և առաջ նայեցէք դուք .

Յետոյ ես.
Ի՞նչ կ՚ըսես »։

Արջուկ չէ չըսաւ.
Բայց երբ մօտեցաւ,
Խոզին կընճիթէն՝
Սրածայր ակռայէն
Այնպիսի սաստիկ հարուած
Իր ճակտին կերաւ յանկարծ,
Որ ըղեղ ցնդեցաւ՜
Ու ընկաւ, սատկեցաւ։

Իսկ Աղուէսն կը փախչէր,
Կը վազէր ու կ՚ըսէր.
«Փառք Աստուծոյ,
Որ չեղայ զոհ՝
Ընկերիս նըմանակ
Որկորի նահատակ»։

Թ.

Օձ Եւ Առնէտ

Օձն Առնէտին բոյնը գըտաւ.
Ձագուկները ուտել սկըսաւ :

Մայրը վերէն
Ընկզի ծառէն
Կը պոռար.
«Օձ աղբար,
Ձագուկներս են.
Ամա՜ն, մեղք են» :

— « Ճաթըռտիս,
Պատըռտիս,
Պիտի ուտեմ,
Պիտի կըլլեմ :
Ըզքեզ խոկ թէ ձեռք ձըգէի,
Նայէ թէ քեզ ի՞նչ կ'ընէի» :
Ըսաւ չըսաւ
Լաճեր կերաւ :

Առնէտ ձայն ալ չը հանեց,
Բայց ոխով բոյնը փնտռեց։
Հուսկ գըտաւ.
Վրէժն առաւ,
Երբ ցուրտ կոխեց
Եւ բուք փըչեց։
Ընթերցող, գիտես արդէն,
Թէ օձեր ձըմրան ատեն
Կը թըմրին չուր գարուն,
Յետոյ նոր կեանք կ'առնուն։
Ճիշդ այն ատեն Օձին պոչիկ
Առնէտ կըրծեց, խուսեց յուշիկ։
Բարեկամ, դու ըսէ,
Օրին մէկ Օձն եթէ
Իւր թըմբիրէն կենդանանայ,
Ո՛րչափ պիտի չատ զարմանայ,
Երբ տեսնէ,
Թէ ինքն է
Անպոչ մնացած.
Խայտառակուա՛ծ։

Ո՛վ մեծ մարդիկ, խոհեմ եղիք,
Մի՛ տըկարին, մի՛ շատ դըպչիք.
Այս թէ ոչ՝
Օր մը ձեր պոչ
Տըկարէն կըրծըւած
Կը տեսնէք դուք յանկարծ,
Եւ կ'ամըչնաք
Այն ժամանակ:

Ծ.

Իմ էշս

Ո՜հ, ի՞նչ ընեմ, իմ կոյր բաղդէս
Որբ մընացի հօրէս մօրէս.
Երբ մէկ որբուկ
Զուռնի տիրուկ,
Խեղճուկ կ'ըլլայ
Երկրիս վըրայ.
Ճակտիս քըրտամբ հաց ճարեցի,
Քի՜չ շատ ուսում ալ ճարեցի.

Այգս հայրենիքս էին թըշուառ ,
Ինձ նման որբ , անտէր՝ տըխմար ։
Ուստի Իշուս վերայ նըստայ ,
Դէպ ի Զէյթին ելայ ճամբայ ։
« Իշուկ , կ'ըսէի ,
Որքան դու յարգի
Պիտի լինիս , երբ հասնինք մեջ ։
Հոն շատ պիտի առնուս երնեկ ,
Որ ինձ նըման վարպետ ընտիր
Քամակդ առած՝ սիրով տարիր ։
Այո գիտեմ , դու թաշկեցար ,
Եւ թէ խիստ շատ անօթեցար .
Բայց համբերէ՛ , փութա Զէյթին ,
Հոն վարձ պիտի առնուս կրկին ։
Բայց « Իշուն ի՛նչ յորդոր խրատ.
Խիկար կ'ըսէ , փայտ միայն՝ փա՛յտ » ։
Ճիշդ էր և դեռ կը խօսէի ,
Իշուն աչքին քիչ շատ հեռի
Ի՞նչ գըտնի .
— Դէ՛պ խոտ ։

Ուստի ճեպով
Զրգըռալով
Ձիս վրայէն նախ վար նետեց,
Յետոյ դէպ ի խոտնոց վազեց։
Ես ի՞նչ ըսեմ. — ետեւէն
Շուտ քայլ առի հեւալէն.
Որ Իշուս այս անգամ
Ոչ թէ խրատ՝ այլ փայտ տամ։
Բայց ի՞նչ տեսնեմ, հոն Չէրքէսնե՛ր.
Որք սնդեցին, թէ իշուն տէր
Իրենք են։
«— Բայց ինչէ՞ն.
Գէթ ձեզ կա՞յ
Մէկ վըկայ»։
— «Վկա՞յ. նոյն իսկ էշն է, որ զմեզ
Երբ տեսաւ, ճանչեց՝ վազեց։
Եա՛, ինչպէ՛ս ալ մեզ կը նայի,
Աւ ի՛նչ հարկ կայ վըկայի....»։
Աւ ի՞նչ ես խօսէի.
Երբ էշն իսկ նենգողի

Դեր կը խաղար
Իշաբար ։
Մեկնեցայ, բայց կըլլայի գոհ,
Թէ անմիտ էշն առնէին լռկ․
Լիք լիք խուրձերս ալ ցրուեցին
Եւ զիս տկլող արձըկեցին ։
— Ի՞նչ իրաւամբ․
— Արդարութեա՛մբ․
Քանզի էշն ինձ շատ ատեն
Ծառայելուն փոխարէն
Կը մնամ եղեր պարտական
Չէրքէս տեարցըն պատուական ։

— —

Եթէ առակ լինէր այս
Կը մեկնէի, բարեկամս․
Բայց դէպք է ճիշդ ինձ պատահած,
Դուն նայէ որ առնուս խրատ ։

Դ. ՏԱՍՆՆԵԱԿ

Ա.

կապիկ դայեակ

Մայրեր,
Լոկ ձեր
Համար այս առակ
Գրեցի ես հիմակ.
Կարդացէք,
Խրատ առէք։

Կապիկն օր մը գողցաւ՝ կ՚ըսեն,
Մէկ օրօրոց մէկուն տընէն.
Տղայն առած՝ ծառին ճիւղէն
Զայն վար կախեց, ու ինք վերէն
Անցնողին
Դարձողին
Կը քարոզէր,

Կը սլղաւէր ։

«Կենդանիք,
Թէ ունիք
Նորածին տըղեկ,
Ինձ տուէք բերէք․
Ես ձեր տըղոց
Ունիմ օրոց ։

Առտու իրկուն կը փաթաթեմ,
Տաքուկ շորով լաւ կը պըլլեմ․
Ձեռներ ոտներ ես կը կապեմ,
Անուշ անուշ կը քնացունեմ․
Օրօր կ'ըսեմ,
Նէննի կ'ըսեմ ։

«Այսօր մեր տղան քուն ունի,
Թազա շինած օրոցք ունի․
Օրօր օրօր
Նէննիկ օրօր ։

Աշա ջաշա հարիկ ունի,
Խանում խաթուն մարիկ ունի․

Օրօր օրօր
Նէննիկ օրօր ։
Ընծուռ ձագլիկ մամիկ ունի,
Կոճկըլուխ պապ մը ունի.
Օրօր օրօր
Նէննիկ օրօր ։
Օրօր ըսեմ քունը տանի,
Դուսը դնեմ Օշուն տանի,
Օրօր օրօր
Նէննիկ օրօր » ։
Անխելք Արջուն մէկ երբ լսեց,
Գէտ ի վեր աչքը տնկեց.
Մօրին ըրաւ,
Ինչ որ ըսաւ
Շատախօսիկ
Այն Կապիկ ։
« Ծօ Կապիկ, որջիս մէջ կա՛ց
Նորածին մէկ երախայ ։
Կը նայի՞ս
Զաւակիս ։

Թէ դուն տածես խօսածիդ սէր ,
Ուզածիդ չափ փորձ կուտամ քեզ »
— « Գլխո՛ւս վերայ
Ելիր գընա ,
Բեր դու շուտով
Պըլիկդ իմ քով » :
Գընաց այն Արջուկ ,
Բերաւ իւր ձագուկ :
Մէկ քանի օր լիրաւ
Կապիկ լաւ նայեցաւ ,
Բայց օր մը այնչափ փախթեց ,
Պըլլելով՝ այնչափ սխմեց ,
Որ Արջուն որդեկ
Վերջապէս խղդեց :

Թ.
Կատու եւ Սարիկ

« Բարի լոյս քեզ ,
Խաթուն Սարեկ :

Ամէն առտու ,
Ով Սարեկ դու ,
Մութնալուսուն
Սիրուն սիրուն
Ինչպէ՛ս կ'երգես ,
Արդեօք գիտե՞ս » :
Մէկ կատու պատին կռթնած .
Սարեկին դէմ նըստած՝
Այսպէս կը խօսէր ,
Կը շողոքորթէր :
« Ա՛խ , գայի ,
Թեւ ըլլի
Այգուն այգուն , եւ զմայլէի
Տեսքիդ ձայնիդ սքանչելի :
Օ՛ն , քո դայլայլիկ
Երգէ , ո՛վ Սարիկ » :

Շողոքորթին այս սուտ խօսքէն
Սարիկ ելած հան ինքիրմէն՝
Հազար տեսակ ձայն կը ձգէր .
Անուշ անուշ կը ճռուողէր .

Լեռ ու ձորակ անտառ ամէն
Ալ թնդային նորա ձայնէն ։
Բայց ի՛նչ զարմանք․ երբ Սարիկ դեռ
Տաղեր կ'երգէր, ձայն կ'արձակէր,
Կատուն յանկարծ ձայնեց․
«Մէկ քիչ կաց դու՝ Սարեկ,
Այդ չ'եղաւ,
Այդ չէ լաւ․
Այդ եղանակ շատ դէշ է,
Անուշիկ չէ, տանկ նանէկ է ։
Կեցի՛ր քովդ ելնեմ գամ,
Նոր եղանակ քեզ ցոյց տամ» ։
Ըսաւ․
Եկաւ ։
Բայց երգի եղանակ
Ցոյց տալու նպատակ
Չունէր, զի երգիչ չէր․
Այլ Սարիկը մտադիր էր
Խղդել
Ուտել․

Ուստի ճանկեց,
Խղճեց լափեց:

Շողոքորթներ նախ կը գովեն,
Զով մէ քերթել երբ մըտադրեն:

Գ.

Թխսամար Հաւ

Ծերուկ մամս ի՞նչ ընէ,
Որ բադեր շատցունէ.
Թխսմօր հաւուն տակ գաղտըկեկ
Կը դնէ բադի ձուեր շատկեկ,
Որ թխսէ,
Բադ հանէ:
Քիչ օրէն Թխսամարն բադի
Շատ ճիժեր կը ծընանի:
Մամիկս որչափ
Կ'ըլլայ ուրախ

Երբ կը տեսնէ խիտ խատուտիկ
Բաղի ծաղեր յոյժ խորոտիկ,
Կ'ուտ կը կլլեն,
Կը ցատկրտեն։

Իսկ Թխսամարուկն որչափ կ'ըլլար
Ուրախ զուարթ, երբ կը տեսնար,
Որ ձագեր կարգաւ կուգան.
Ըմինտուկ լաւ կը խաղան։
Բայց օր մը լըճի մը քով
Թխսամարուկն իր ձագերով
Երբ հասաւ,
Ի՞նչ տեսաւ.
Յանկարծ ճիժեր հեռացան,
Ջըրին մէջ նետուեցան.
Կը լողային,
Կը խաղային։
Զարմացած՝
Ապշած Մնաց։
« Ձագուկներս, դուրս ելէք.
Ճիժերըս, դուրս եկէք.

Կ'ընկղմիք ,
Կը խղդուիք » ։
Կ'ըսէր , կը կանչէր ․
Բայց ո՞վ կը մըտնէր ։
Օրն ի բուն հոն այսպէս
Կանչըռտեց ըսպասեց ։
Թխամօր ձայնին չը դիմացաւ
Դրացի Աքլորն , վազեց ըսաւ ․
« Թխամայր հաւիկ ,
Ճիժեր փոքրիկ
Մի՛ կարծեր , որ ձայնդ լսեն
Ու դուրս ելնեն ջըրէդ մէջէն ։
Պատճա՞ռ ․
— Թխամայր ,
Որ դոքա քեզ բուն զաւակ չեն ;
Հաւու ձագ չեն , այլ բադի են ․
Ջի ոչ թէ
Հաւու ձուէ
Այլ բադի , դու ծընար ,
Հարեւանդ խի՛ Թխամայր ։

Առակըս յայտնի է ,
Մեկնութեան կարօտ չէ :

Դ.

Առնէտ եւ Աքիս

Ով մատնիչ ,
Քու պատիժ
Կը գտնես ,
Հա՛ չ՚ելնես ,
Այս առակ երբ կարդաս ,
Յետոյ դու նորէն տաս
Քու ընկերաց
չար ու վընաս :

Առնէտն օր մը
Աքիսի մը
Պատահեցաւ ,
Լեղին բըղաւ :

« Մի՛ սպաններ զիս,
Ամա՜ն, Աքիս.
Գիրուկ որս ցոյց կու տամ քեզ,
Թէ այժմ ինձ չը վընասես »։
« Արիւնդ պիտի ծծեմ,
Ըզքեզ պիտի խղդեմ,
Սուտպըրուց
Առնէտ փուճ »։
— « Աքիս,
Թող զիս
Գիտցիր սուտ չեմ,
Իրաւ կ՚ըսեմ.
Երբ քան զիս որս գիրուկ
Ցոյց չը տամ հիմակուկ,
Ըսպան զիս,
Ո՛վ Աքիս »։
— « Ըսէ,
Ո՞ւր է »։
« Օ՛ն եկուր, եկուր հոս.
Նայէ այս ուռած հող,

Որոյ մէջ տես ,
Խլուրդն ի՞նչպէս
Բոյն շինած՝
Կայ դադրած ։
Գունչըն խըրէ ,
Նայէ . մէ՛ջն է ։
Ծծէ արիւն
Խլուրդուն ։
Իսկ այլ եւս թող գլխ
Ի՞նչ կ՚ըլլայ , Աքիս » ։
Իսկ սա չուզեց որ մատնիչ
Աւնէտն մընայ անպատիժ ։
« Թէ կենդանի լաւ ըլլայիր ,
Ուրիշ քու տեղ ոչ մատնէիր » ։
Ըսաւ և Աւնէտուն
Նախ ծծեց գէր արիւն .
Յետոյ իւր քիթ խըրեց ,
Խլուրդին ալ արիւն քամեց ։

Թ.

Մտրուկ եւ Քուռակ

Իշու ձիու
Ձագեր երկու
Ի մէջ դաշտին
Կը վազէին։

Կըրակ ու բոց կըտրած
Այնպէս մը խիստ կատղած՝
Կը ցատկէին,
Կը վարգէին,
Որ աշխարհ կը զարմանար,
Նայելն չէր կշտանար։
Իսկ մէջ վազքին
Կը մրցէին։

Մտրուկ կ՚ըսէր. «Ո՛ն, ես յառաջ».
Քուռակ կ՚ըսէր. «Ոչ, ես յառաջ»։
Բայց վերջապէս
Քուռակն յաղթեց,

Եւ մօրն եկաւ,
Շատ պարծեցաւ։
Մտրուկն ալ եկաւ,
Լալով մօրն ըսաւ.
«Ո՜վ մայրիկ,
Վա՜յ մայրիկ,
Ի՞նչ ըսել է, որ շուտ ինձ
Իշուն Քուռակ այնպէս վազէ»։
— «Հոգ չէ, զաւակս, թէև այսօր
Նա քեզ յաղթեց, բայց կուգայ օր,
Ահա կ'ըսեմ քեզ յայտնապէս՝
Որ դու նըմա պիտի յաղթես։
Էշեր պըզտիկուց
Կ'ըլլան շատ աշխոյժ։

Սակայն յետոյ կը ծուլանան,
Կամաց կամաց կը դանդաղնան.
Նոքա քար փայտ պիտի կրեն,
Վարնոց մարդոց տի ծառայեն.
Բայց դուն Ձագուկս, քանի մեծնաս,
Աշխոյժ վազող պիտի ըլլաս.

Լեռներ ձորեր առհասարակ
Պիտի թնդան սմբակիդ տակ:
Ի մէջ և զոռ պատերազմի
Կըրակ ու բոց կըտրիս պիտի,
Ու հեծնողիդ քաջ սիրտն ալ քեզ՛
Դուն ո՛վ Մարուխս, պիտի դրաւես:
Վերջապէս
Պարտ է քեզ
Այսուհետև աճիլ մեծնալ,
Բայց Բուռակին միշտ մեղմանալ »:

—

Ձին սուտ չէր,
Իրաւ էր.
Այսպէս մարդիկ իշանըման
Աշխարհիս մէջ ո՛րչափ շատ կան,
Որք ի սկզբան աշխոյժ կ՚ըլլան,
Յետոյ քի՛չ քի՛չ կը թուլնան.
Չը գիտեմ, թէ ինչէ՛ն
Ականջնին կը կախեն.

Յուսահատ բոլորովին
Հոն ու հոս կը թափառին ։
« Աղբար, ինչո՞ւ արդիս այդպէս » .
Եթէ ելնես ու հարցունես .
Խառնաշփոթ
Մէկ գրգռոց
Թող կուտան ,
« Գլուխս , տա՛ն » .
Նոյն ըսել կ'ախպուխ
Ու փախչելուդ կը նայիս ։

Ձ .

Արագիլ եւ Գորտ

Արագիլն ինչպէս կ'ըլլայ ,
Լճէն օր մը որս մը կ'որսայ .
Բայց նեղացաւ շատ սաստիկ ,
Երբ տեսաւ՝ որ իր որսին
Ոչ թէ գէր մէկ ձուկ
Այլ է մէկ Գորտուկ ։

Քիչ մընայ՝ որ վար նետէր
Եւ կըտոր կըտոր ընէր ,
Թէ չ՚ըսէր այն Գորտուկ .
« Արագիլ աղբարուկ ,
        Ամա՜ն՝ գըթա
        Խեղճիս վերայ » :
— « Քեզ խնայե՛լ . կենդանի չար »
Որ ամէն օր դու անդադար
        Երբ զիս տեսնես ,
        Կրկըռ կը ձգես .
Հոն ու հոս կը ցատկըռտես ,
Ձկներուն կ՚իմացունես .
    « Ղա , ղա՛ , ղա՜ , հաաաւ հա՜
    Արագիլն նա ահա :
        Փախէք , փախէք .
        Պահուըտեցէք
        Լըճին ի խոր ,
        Ձկնե՛ր բոլոր :
« Այս կերպով որսեր ձեռնէս
Գրեթէ միշտ կը փախցունես .

Իրաւունքս չէ՞ ուստի հիմիկ
Ըղձերդ ընել բըզիկ բըզիկ »։
— « Իմ միտքս ձկանց իմաց տալ չէ
Ձեր դալուտը, խաչ որ չէ, չէ՛.
Այլ Գործերուս բնական է,
Ուտեն ատեն ցատկել լըճէ

Կըկուալ,
Խաղալ։

Ուստի քեզ կ'աղաչեմ ես,
Որ զիս այժմըս չըսպաննես »։
— « Է՛հ, քանի որ դու կ'աղաչես,
Վար չեմ ձըգեր՝ նետեր ըղձերդ.
Այլ այժմ ըղձերդ
Կը կըլլեմ ես »։
Պատասխանին բնաւ չըսպասեց,
Այլ ըէ՛ ըրաւ ըսածին պէս։

—

Բայց իրաւունք Արդելն ունէ՞ր.
Իրեն հարց գնա, և ինձ լուր բեր։
Մեկնութիւն առակիս
Այս է լոկ, սիրելիս։

Է.

Խլուրդ եւ Խլէզ

«Խլուրդ եղբար,
Ինչո՞ւ համար
Տեղ մը չես ընտրեր,
Տնակիկ չես ըներ:

Ի՛նչ. միթէ տաղտուկ ծանրոյթ
Քեզ չը տա՞յ այդ սովորոյթ»:
Այսպէս կ՚ըսէր Խլէզին մին
Հնուան փորող մէկ Խլուրդին:

Խլուրդն ըսես
Պատասխանեց.

«Խլէզ,
Դո՞ւ ես.

Միթէ, Խլէզ,
Դու չը գիտե՞ս,
Որ ինձ չէ ընդոյթ՝
Ոչ սովորոյթ.

Այլ բոյնս է պատճառ,
Որ ես անդադար
Փորելով կը տատիմ,
Կը հալիմ կը մաշիմ։
Բայց հազիւ կը շինուի
Կը նայիմ որ կը հոտի։
Է՛հ, ի՞նչ ընեմ,
Մեղքս է կ'ըսեմ.
Նորէն ես կ'ելնեմ,
Նոր մը կը փորեմ։
Երբ տեսնեմ թէ այս ալ
Կը հոտի, օ՛ն. միւս ալ
Շինեմ,
Կ'ըսեմ.
Այսպէս ես միշտ կը փորեմ,
Տեղ մը թուխս կարող չեմ»:
— «Բան մը ես
Ըսե՞մ քեզ.
Կ'աղաչեմ, որ դու չ'զգաս.
Ոչ թէ բոյնդ է հոտած,

Այլ դու, Խլուրդ։
— «Իմ վրայ ես՛,
Հո՛տ ըլլայ.
Մարդիկ են, որ սուտ կ'ըսեն,
Իմ վերայ մուր կը քսեն
Խըլէզ աղբար,
Մի՛ հաւատար.
Եկ տես՝ հոտ ունի՛մ
— Չունիմ։

Եթէ գաս, զիս հոտոտես,
Եւ վկայես, պիտի Խըլէզ,
Հաւատամ քեզ»։

Անխելք Խըլէզն ի՞նչ կ'ըսես,
Նըրա փորձով ցոյց տալ ուզեց։
Ուստի սողաց
Առ նա գընաց։
Սակայն հազիւ թէ հոտոտաց,
Խլրդին եղաւ լաւ նախաճաշ։

Երկուքն ալ էին սուտ ,
Չի ոչ բոյն , ոչ Խըլուրդ.
Կը հօտէին · այլ դէչն այն էր ,
Որ երբ Խըլուրդ վերայ կ'ուգէր ,
Խըլէզ նըմա կը հաւանէ՛ր . . . :
Ով Տէր , Դուն ըզմեզ պահէ
Այս տեսակ փորձանքներէ :

Ը.

Ճագար կնքահայր

« Ճագար
Աղբար » :
— « Ճամմէ , Հրամմէ » :
— « Շաքար ծամէ ·
Փոքր Աստուծոյ , ծնայ ձագուկ ,
Ո՛րչափ ուրախ եմ հիմակուկ ·
Բայց ո՛հ , որչափ
Ունիմ փափագ ,

Որ դու լինիս
Իմ ձագուկիս
Ներքահար ,
Ո՛վ ճագար :

Ո՞ւր էր գայիր յիմ որջիկ ,
Լաճս առնէիր քո գրկիկ .
Անուն դնէիր ինչպէս կ'ուզես ,
Որով ըլլանք իրարու հետ
Ազգական
Պատուական » :

Վերէն ճագար՝ վարէն Աղունէս
Տուին առին խօսքեր այսպէս .
Հուսկ ճագար շողոմին
Հաւատաց սուտ խօսքին :

Բայց Աղունէսին
Մէջ կաղողին
Ի՞նչ եղաւ .
— Կեր եղաւ :

Այնպիսիք շատ կան,
Որ գիտէ՞ք ըլլալ կ'ըլլան
Մեզի
Խնամի ։
Սակայն ինչո՞ւ.
— Ի մէջ շահու ։
Ասանկներէ փախէ՛ք հեռու,
Որքան կրնաք այնքան հեռու,
Որ չ'իյնաք
Յորոգայթ ։

Ժ.

Կոյր Կատու

Կար ու չըկար
Կատու մը կար.
Տարի անցաւ,
Օր մը կուրցաւ ։
Ողորմուկ կը մըլլայէր,
Հոս ու հոն պտոյր կը դառնէր

Հացի փոր,
Պանրի կտոր:
Մկներն ալ նոր պատուհաս
Իր գլխին էին եղած.
Մինչ Մկին մէկ որ մը Կատուին
Ոսկէն խածաւ, խածաւ կրկին:
«Ի՛նչ լրբութիւն. կը թրուըռար,
Որ մկներուդ փախկոտ գումար
Ոսկէս խածնեն
Ու գլխ ծաղրեն»:
Բայց երբ կոյր էր,
Ի՜նչպէս պատժէր:
Գըտա՛ւ սա ճար
Ի վրէժ արդար:
Մառանին մէջ պառկեցաւ
Ճիշդ սուտ մեռել ձեւացաւ:
Մկներն երբ ծակէն տեսան,
Ճչեցին միաբերան.
«Սատկեր է, է՜ո՛,
Թող չի ըլլա՛յ:

Բայց ինչո՞ւ իր սատակը
Թողունք հոս ու գէշնոցը
Չը նետենք,
Չը ծաղրենք.
«Օխ, ըսելով, սատկած կատու.
Պրծանք ճանկէդ, պատիժդ առ դուն»:
Մկներն ամէն զայս խօսեցան
Ու ծակերէն դուրս խուժեցան.
Որ մէկն բունեց Կատուին պոչէն,
Որ մէկ գլխէն, ականջներէն.
Առօք փառօք մեծ խնդումով,
Քաշ քաշ հոլելով հրմշտկելով,
Սուր ձայնով սըլըլային,
Սատակը կը տանէին:
Բայց համբուն դեռ կէսն ըսես
Չը հասած՝ ի՞նչ կը տեսնես.
Կատուն յանկարծ դէս դէն ցատկեց,
Մկանց շատը ճանկեց խղդեց:
Իսկ մկներէն որք թէ պրծան,
Ծակերէն ներս այնպէս փախան,

Որք պատէն դուրս ելած չեն
Մինչ ցայսօր Կատւին վախէն ։

—

Վախնալու է մեռելներէն,
Լըսած եմ թէ այսպէս կ'ըսեն.
Սուտ չեն ։
Բայց հոգւով մեռնողներէն.
— Զարերէն — ։

Թ.

Հայաստանն ի Քատըքէօյ

Ի Քատըքէօյ Ոք ճարտասան
Ըզհայրենեաց կը ճառէր բան.
Կոյս օրիորդ՝ երիտասարդ
Տիկին և այր յոյժ պճնազարդ
Կային ի լուր ըզմայլագին,
Լի էր խօսէր Հայաստանին ։

Իսկ Բեմբասայն ձայնիւ ահեղ,
Կոկլիկ լեզուաւ՝ սրտիւ ի զեղ,
Ի թինդ հանէր
Բոլոր սրտեր:
Ծափեր ծափի յաջորդէին,
Երկինք երկիր դըղըրդէին.
«Ո՛վ Հայաստան». երբ նա գոչէր,
Մարմըրէլին նաւ շատեր:
«Միանգամ ա՛հ, զքեզ՝ Հայաստան,
Մեր տեսնէին աչկունք հայկեան.
Թող ապա ի վերեւ
Մար մնայ մեր արեւ»:
Կը հեծէին. արցունք դողար
Կը հոսէին հոն անդադար:
Չը դիմացաւ Մայրն Հայաստան
Սոցա ձայնէն հեծեծական.
«Ուրեմն երթամ,
Գէթ այս անգամ
Նժդեհ որդիքս իմ այս սիրուն
Թող կարօտնին ինձ առնուն»:

Զայս ըսաւ և ցուցին առաւ,
Ճամբայ կտրեց և հոն հասաւ։

Երբ որաչին մտաւ ի ներս,
Ատենախօսն նորին ի տես՝
Լի սուրբ Հոգւով որոտաց. «Աս
Հայաստանն է, նա ինքն ահա՛»։
Ամենեցուն սիրտք տրտմեցան,
Աչկունք ի նա սեւեռեցան,
Եւ զարմացան։

Հայաստանն ալ երբ իւր չորս դին.
Աչեց սիրով կարօտագին
Զը ճանչեց և ոչ իսկ մին
Զարմացա՛ւ բոլորովին։

Երբ կին՝ աղջիկ սնգոյր յերես,
Մարդեր օտար ձեւով պչրապէս
Կային ի տես, ո՞վ իւր ծանօթ.
Պիտի լինէր. — Հարկաւ ոչ ոք։

Դեռ գոռայր ձայն Բանախօսին,
Կուօին մէկ իր քովինին

Մշտեց ,
Հծծեց .
« Հայաստանն , քա քուրիկ ,
Քիչ մը չէ՞ խմալըլիկ » :
— « Այո , բայց նայէ ,
Քիչ մ'ալ արգել է » :
Իսկ դէր մէկ պատանի
Իւր քովի ընկերի
« Ա՞յս է , կ'ըսէ , Մայրն Հայաստան.
Որքա՜ն նիհար դալկանըման » :
— « Այո՛ , և կեղտոտ
Դիմօք ալ կեռտոտ » :

Իսկ ոմն հարուստ ակնոց դըրած ,
Հայաստանին ի սիրտ ըսաւ .
« Ասանկ թշուառ աղքատ սիրել
Յիմարութիւն է առաւել » :
Կին մ'ալ իր երկան
կ'ըսէր ծաղրաձայն .
« Ասոր համար կը մարշիր ,
Քո կարօտիկ հիմա առի՞ր » :

— «Արևն՝ այս կարծես
Եղեր է Դա սևերես»:

Հուսկ ուրեմն ճարտասանին
Ալ խօսքն հատաւ եռանդագին.
Սրահին ըսին մնաս բարով,
Ամենքը վար իջան շուտով:

Հայաստանն ալ փողոց կ'իջնէ,
Որ տուն մը մէջ խոնջէքն առնէ.
Ցուրտ ձիւնին տակ դուռ ըսպասեց,
Ոչ մէկ Հայ մարդ ի տուն կոչեց.
Եւ մութ կոխեց իր հէք գլխին,
Դեռ կ'ըսպասէ արշալուսին:

— —

Այսպէս մարդիկ որչափ շատ կան,
Որոց սրտեր կը թրթռան
Ի սէր ազգի և հայրենեաց,
Երբ կը լսեն ձայն ճառասաց.
Բայց երբ լռէ ազդող հագագ,
Ա՛լ սիրտ չունին, ո՛ւր սիրակաթ.

Սոյա աչերն արեգական
Բիծերն անգամ վրա կը տեսնան,
Եւ կը գտնին վատօրէն
կենդանատու արեւն։

Դ· ՏԱՍՆԵԱԿ

—

Ա.

Փող

Օսմանցւոց և Ռուսաց
Պատերազմի ժամանակ
Մեծ-Բասենցի խեղճ աղբար
Երբ կը չէքէր կամկար կամկար ,
Կը չափչըփէր Կարնոյ շուկան ,
Տեսաւ փողհար զինուորական :
Զարմացաւ
Ու ըսաւ ·
« Այս ի՞նչ է , ի՞նչ ձայն խոշոր ,
Ոչ մերին սըրինգ՝ շեփոր ,
Կամ դափ՝ թմբուկ ձայնով՝ տեսքով
Կը նըմանին փողին ճչղով :
Գէշ չը լինիր ·
Թէ մէկ ընախիր

Փող առնում սա փողծախին,
Գիւղ տանիմ, ուր ցատկելէն
Փչեմ փչեմ,
Որոտ ծըգեմ:
Մարդիկ՝ շուներ զարմացունեմ,
Ամենեցուն աչք յիս գըրաւեմ»:
Ըսածին պէս ըրաւ,
Փողծախին մօտեցաւ.
«Բանի՞ տամ քեզ փող,
Ու ինձ տաս սա փող»:
— «Բանըդ գնա՛ ծօ,
Խեցա՞ր, Խէչօ:
Քեզ ի՞նչ փող, չափոր՝ թմբուկ,
Կամ սըրինդ առ, գընա ի գիւղ»:
Բայց Խէչօն ականջ չըրաւ.
Նոյն փողը ծախու առաւ:
Սայլը քշեց Բասէնի դին,
Բայց փող բերանն անգամ տանիլ
Չէր ուզեր. գիտէ՞ք, է՞ր.
— Իշտանը կը պահէր:

Երբ գիւղին կը մօտենայ ,
Խնչոյին սիրտ թունդ կ'ելլայ ․
« Մէկ մը երկու՝ երեք կոնծեմ ,
Այնպէս ի գիւղ ուրախ մտնեմ » ։
Մինչ կ'ըսէ ,
Կը կոնծէ ․
Քանի փողին և կը նայի ,
Խելքը գլխէն ալ կը թռի ․
Քալեցէք շուտ , եզներս հա՛ ,
Մար կը մանէ արեւն ահա ։
Մտնենք գիւղ ,
Փողովս թունդ
Հանեմ մարդեր , ըլներ բոլոր ,
Թող խաղք լինի Ոէսին չեմոր » ։
Խնչօն ֆէֆ էր ,
Ալ լոլիկ էր ։
Եզներն լսեն
Իրեն սէս
Տեսակ մ'էլին կարծես գինով ,
Սանկ նանկ կը դնան ալ չեն խելօք ․

Դուրէն վեր հանելու տեղ
Այլ դար վար կը տանին չեղ։
  Գինովն մը քշուած մէկ սայլ
Հարկաւ երբեք չ՚երթար շիտակ։
  Լոլիկ Իրիչօն կը նեղուրտէր,
Մայրն՝ եղանց կը հայհոյէր։
  Մութ կը կոխէ, կէս գիշերին
Հազիւ կուգայ առջև գիւղին.
Փող կը փչէ, որոտ գոռ կոռ
Կ՚ոլորտանայ չորս դին բոլոր։
  Իսկ գիւղն ամբողջ կ՚ելնէ ի դող,
Քանի սաստիկ կը հնչէ Փող,
Ուէս Մըկօն գողահար
Տանիքէն անդադար

Կը պոռացայ
«Լաճօ, հիլա,
Մանչեր, լաճեր, Օսմանլուն
Մեր կը կոխէ գիւղն ու տուն.
Ելէք ելէք,
Շուտ զէ՛նք առէք.

Շըներ ո՞ւր էք ,
Հասէք , հասէք » :
Կարիճ մանչեր , շուներ ամէն
Դէպ ի փողին ձայն կը վազեն .
Իսկ կիներ ու աղջիկներ
Կը գոչեն . « ողորմի Տէր » :
Բայց լըլիկ Խէչօն լսեց
Նպատակին հասած կարծեց՝
Ցնծումէն կը ցատկռտէ
Անդադար փող կը փչէ :
Հուսկ ալս Մկօն իր մանչերով
Հոն կը հասնի ահեղ զէնքով ,
Բայց ի՞նչ տեսնէ , ոչ թէ հրոսակ՝
Այլ Խէչօն է , Խէչօ՛ն դարտակ :
« Վա՜յ , կ՚ըսէ . դո՞ւն ես որ այսպէս
Դող հանեցիր գիւղն ու ըզմեզ :
Ծօ լաճեր , սըւոր մորթին
Հանեցէք տակ սըփոցին » :
Խէչօն այսպէս հոն կը հասնի
Ակնկալած իր մեծ փառքի :

Առակիս միտքն այս է, թէ կայ
Ամէն բանի տեղն ու ատեն.
Ով հակառակն առնու ճամբայ,
Թող խրատ առնու նախ Խէչօյէն:

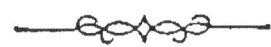

Թ.

Դարձեալ Նոյն Փող

Խէչօյին բաղդ թէև ծուռ էր,
Բայց գէթ Փողով կը մխիթարուէր.
Գնողչէք դրամին խոճերն համար
Դեռ զայն սիրէր ժլմարաբար.
Բայց դիւղին մէջ ազատօրէն
Չէր երևէր սմաչլէն:
Երբ հնունուքով ման գալիս էր
Գեղէն հեռու, յանկարծ գայլեր
Իր շուրջն առին, Խէչօն ըսես
Սարսափահար հեծեց ճչեց:
«Վա՜յ ինձ, մարդեր քիչ մը յառա

Եղ'ան գըլխիս մեծ պատուհաս ,
Հիմա ալ գայլեր
Ջուրս զիս են առեր ։

Բայց ի՞նչ ընէր . գայլեր իրեն
Շատ մօտ էին , զինք տի լափեին ։
« Փչեմ , կ'ըսէ , աս իմ Փող
Թերևս ձայնէն ելնեն ի դող » ։
Փող որոտա՛ց ,
Երկին գոռաց ։

Ի՛նչ . գայլեր խմբովին
Լեռն ի վեր փախ առին ։
Խէչօն ըսես կը ցատկռտէր ,
« Այս ի՛նչ զարմանք , կը սղաւէր .
Որ փողիս լեզուէն գայլեր
Ճիշդ հասկանան քան թէ մարդեր » ։

Խէչօն կը սխալէր .
Գայլոց խելքէն էր ,

Որ փող եղաւ օգտակար
Եւ առակ տգիտաց յարմար ։

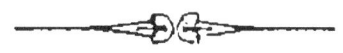

Գ.

Եւ դարձեալ նոյն փող

Խէչօյին փող այս օրինակ
Ծառայութեամբ եղաւ որչափ
Աչքի լոյս Խէչօյին
Ըսել հարկ չը կայ բնաւին ։
Սիրտ առած գլուխ մըտաւ ,
Ամէն տեղ պարծեցաւ
Փողին չէնքին շնորհքին վերայ .
Հովիւ Մատօն ալ էր վկայ ,
Որ քիչ հեռուէն էր քաջ դիտած
Մեծ այն հրաշք Փողին գործած ։
Խէչօն կը պնդէր ,
Երդում ալ կ՚ընէր ,

Թէ իր փողին ամէն բանի
Նուէր ըլլալ է կարելի ։
Բայց օր մը խաղք եղաւ
Իր լեզուն կարճըցաւ ։
Երդ դ.ար վեր սայլ կը քշէր ,
Խոնջէն արիւն քրտինք մտած էր ,
« Կենամ մէկ քիչ , Փողը փչեմ ,
Ուղեկիցներս զուարճացունեմ » ։
Հազիւ կ՚ըսէ
Ու կը փչէ ․
Բայց եզներ փողին ձայնէն
Կը խրտչին ․ սայլ կը գլորին ։
Խէչօն նախ սայլ կեցնել կ՚ուզէ ,
Որ և յետոյ եզներ պատժէ ։
Սակայն անուին յենակ պէտք է ,
Ա.ծէլէօվ հան ի՞նչ ընէ ․
— Փող կը դնէ ,
Որ ճա՛րթ կ՚ընէ ,
Եւ կը կոտրի ։ Որով հետև
Մարդերէն ալ կը ծաղրուի ,

Երբ կը սուլար․
«Ո՛վ Փող յիմար,
Թէ մէկ սոյն լինիլ յենակ
Չէիր կրնար, ձայնդ աղաղակ
Հապա ինչէ՞ն ձգեր էիր,
Դղրդելով երկինք երկիր»։

Խէչօն սուտ էր․
Փողն ի՞նչ ընէր,
Երբ ամէն բան յատկապէս
Իր տեղն ունի օգտաւէտ։

Գ.

Անառակութիւն

Երկինք յերկիր կը թորթէր,
Նեղուրձին վրայ ձիւն կը դիզէր․
Մութն ու մլար տիրել էր
Հայաստանին դաշտն ու լեռ։
Անառակը կը դողար,
Հանգստեան տեղ կը մուրար․

Մոլութեանց ամէն մէկին
Շատ բաղխեց տանը դուռին .
Նորա ամէնքն ունէին մեծ
Ապարաններ կահներ պէս պէս .
Տաքուկ ու կուշտ կեանք ունէին ,
Բայց Ընկերնին չը յիշեցին ։
Անառակը նախ շատ լացաւ ,
Յետոյ ինքին զայս խօսեցաւ .
« Երթամ ի հիւղ Առաքինւոյն
Թերևս տայ ինձ հանգստի բոյն ։
Բայց այս լաթով՝ կերպարանով
Ի՞նչպէս երթամ ես նորա քով ,
Համեստութեանն հագուստ հագնիմ,
Արտով՞ լեղւով՝ դէմքով ծպտիմ » ։

Քսաւ .

Ըրաւ ։

Բայց խելք չըրաւ , – ի՞նչպէս ընէր –
Դրան զարնել , որ ներս մտնէր ,
Այլ խրճիթին պատուհանին
Կամացուկ մը ծայրով մատին

Թը՜ Նը՜ զարկաւ,
Կրկին զարկաւ ։
Ներսէն՝ «Ո՞վ էք», մէկը ձայնեց ։
— «Համեստութիւնն, ո՛վ տէր, եմ ես.
Զիս քեզ կ՚ուր ընդունէիր,
Գըլխուս մէկ տեղ շնորհէիր »։
— «Թէ ըլլայիր Համեստութիւն,
Կը զարնէիր դռնակիս դուն.
Պատուհանիս զարնելէդ՝
Կարծեմ ես չար ոք ըզքեզ »։
Այսպէս այն Անառակ
Տկզեցաւ ձիւնին տակ ։

———

Յաճախ չար մարդուն
Նոյն իսկ հին բնութիւն
Խաբէական վատ ստութեան
Խայտառակիչ կ՚ըլլայ միայն.

Ե.

Կատու եւ Օձ

Կատուն աչերն խոլռեց ,
Պեռւեշտը ոլորեց .
Թաթին ճանկեր սրեց շտկեց ,
Ճարպուկ Օձին դէմը վազեց :
Պատերազմ ահագին
Երկուքին մղեցին :
Կատուն իր մէկ թաթիկ քթին
Վերայ բռնած՝ միւսով Օձին
Գլխին՝ աչքին անընդ- կը զարնէր ,
Կը փոխփոխէր , շուրջ կը ցատկէր .
Օձն ալ կանգնած վերայ պոչին՝
Զարնել ջանայր Կատուի քթին ,
Սուր կը շչէր ,
Դէմ կը դնէր .
Մշոյ ի սար հանդիսատէր
Նայէին բոլոր կենդանիներ .

Ծառին վրայէն մէկ լերջ Մուկ
Ճիշդ կատուին դէմ-դիմուկ
Տիտիկ ըրեր ,
Կը մարմըրէր ․
Թաթիկն ալ կուրծքին տարած՝
« Ոչ » կ'ըսէր , աչքը անկած ։
Մէկ մ'ալ կատուն տեսածին պէս՝
Թողուց Ծմը , կայծակի պէս
Արագաւ ,
Հասաւ ․
Մուկը ճանկերն ու սատակել
Չոն մէկ ըրաւ վայրկենի մէջ ։

—

Երբ թշնամիդ կռուի բռնուեր՝
Կը պարապի , մ'արհամարհեր ․
Այլ դուն նայէ որ գաղտըկեն
Նորա կռուէն օգուտ քաղես ։

Ձ.

Սրինգ եւ Պառաւ

Սրնգին մէկ դրացի Պառաւին
Առջեւէն կ'անցնի ինքնին,
«Բարեւ, պառաւուկ,
Լո՛յս արեւուդ»։
— «Վա՜յ ձայնիդ, որ քիչ տէրտս էր,
Հիմակ առջեւս դուն եկեր ես,
Որ գիս ծաղրես,
Սիրտըս ծակես։
Գիշեր ցերեկ գիժ Սրնգին
Բերանն եղած՝ ձայնէդ ուժգին
Գլուխս ուռեցաւ,
Ոըղ-ում դարձաւ։
Կաց հիմակ, քեզ ինչ անեմ.
Սրնգին հերն անիծեմ»։
Ըսաւ. պառաւ կալցինն անդէն,
Ծղքեց Սըրինգն իր երկայնքէն.

Տանիքին երկու գլուխն
Զորոթան(*) ըրաւ խոկոյն ։

— —

Այնիւ բանին արժէքը
Զը գիտցողին առջևը
Ցայտ է թէ
Ոչինչ է ։

Է.

Ռուներ եւ Նիկօ

Ի Բիւրական ուխս Նիկօյին
Բոլոր Առուք գիր մատուցին ·
Որ Եփրատն հոն կազմեն
Ու Կարնոյ դաշտն իջնեն ։
Գիւղ գիւղական ուխս Նիկօն
Ի մեծ խորհուրդ կոչեց խոկոյն ·

(*) Տանիքի փայտեայ ծայրն ։

Որք խակ և խակ շուտ վճռեցին,
Որ Առուներ միաւորին։
  Երջանկութի՜ւն. զի էր դիւրին
Ա՛լ ամէն բեռ շատ ահագին
Թէլէկով փոխադրել,
Շատ հեռուն տեղաւորել։
  Բայց երբ օր մը Նիկօ աղբար
Տեսաւ՝ որ իր ջաղացքին քար
                Դադար է առեր,
                Ուստի ի՞նչ ընէր.
— Գետէն Առու կը բանայ,
Ջաղացքին դին Թող կուտայ.
Միւս ջոջ ուժսներ քիչ օրէն
Երբ Նիկոյին կը տեսնեն,
                Ջաղացք կը բանի.
         — Նախանձ կը բրդի՛. —
Իսկոյն Առու կը բանան,
Ջաղացքնուն դին Թող կուտան.
Բայց եկուր տես, որ Եփրատն այն
Ալ չը մընար ի Բիւրական։

Բայց ե՞ր Նիկոն տաւնիկ ըրաւ.
— Զի ջաղացքը հէն խելք չըրաւ,
Գետին մօտ տանիլ
Ու գործին նայիլ։

Քանի հեղ ա՜հ, քակուած եղուն
Հայոց մէջէն, ո՛վ Միութիւն,
Երբ կործեր են մեծեր անխելք
Ըզքեզ իրենց շահուն արգելք։

Զ.

Երկու Հայեր

Թադէոս աղբարն ու Մարկոս
Կը կռուէին պար ու փոս.
Ղարաբղէն եկեր ճամբայ կ՚երթան,
Սիրոյ վերայ ճառ կը կարդան։
« Ինչ լաւ բան է, մէկ սիրտ հոգի
Ըլլալ մինալ հետ իրարի.

Ամէն բարիք այս աշխարհի
Մեր գլխին վրայ պիտի թափի»:
Կ'ըսէր Թադոս, ան կը բանէր,
Մարկոսն ալ նորա ճակտէն
Պագ կ'առնէր մարմըրելէն:
Քոյլ մը կ'առնէին,
Կը պըլըլւէին.
Կը զատուէին, կը խօսէին,
Նորէն կրկին կը պագտուէին:
Իրկուն եղաւ. Փիւրտ Իպօյին
Տանը եղան հիւր երկուքին:
Գաղտուկ Իպօն հարցուց. «Թադոս,
Ի՞նչպէս մէկն է ընկերդ Մարկոս»:
— «Մի հարցըներ, խչուն մէկն է»:
Յետոյ Իպօն դաղտ կը կոչէ,
Զայս Մարկոսին կը հարցունէ.
Թէ «Թադոսն ոք որպիսի՞ է»:
— «Զայն մի՛ հաներ, շանը մէկն է»:
Բայց երբ Իպօն սեղան կոչեց,
Սոցա զարմանք եղաւ շատ մեծ,

Զի երկոցունց առջև զատ զատ
Դըրաւ Իպօն երկու պընակ.
Մարկոսինն էր լի չոր խոտովք,
Թադոսինն էր լի ոսկերօք.
Ըսաւ Իպօն երբ՝ «հրամմեցէք».
— «Ի՛նչ. տալ ասանի կերակուր մեզ,
Իպօ, ըսէ.
Բեռ կը փայլէ՞»։
— Մի՛ զարմանաք. այլ այն զատ զատ
Կըկայութեանն ճիշդ համեմատ
Զոր ես առի երկուքէն ձեր,
Նոյնը հիմա գործ եմ դըրեր»։

—

Է՞ր զարմանանք, երբ օտարէն
Կ'արհամարհուինք տըմարդօրէն.
Չէ՞ որ մեք եմք բուն իսկ պատճառ
Մեր անարգմանն, ո՛վ Հայ եղբայր։

Թ.

Հեղեղ եւ Մղեղ

Այնտան ատեն Թուխ Թուխ ամպեր
Որոտային Մասեաց քովեր .
Թ՚օն անձրեւ կաթիլ խոշոր
Կ՚ողողէին երկիր բոլոր ։
Ի Մասեաց
Հեղեղատ
Հեղեղ մեծկակ կը բարձրանայր ,
Ցածնոյր կ՚իջնէր , կը դաշտանայր ։
Կ՚որոտար ,
Կը գոռար .
Այս պահուն ո՞ր յանդուգն էր ,
Որ նայէր ու ծիծաղէր .
— Կը տըզտըզար Մղեղըն գորշ
Ի վերեւ ծառին ի խորը ։
« Ձայնըդ կարէ , գոռաց հեղեղ ,
Թէ ոչ արդ զքեզ խեղդեմ , Մղեղ » ։
— « Ի՞նչ վնաս ունի իմ տըզտըզներ

Քո գոռ ձայնից, կը նեղվիս է՞ր:
Դեռ այս խօսքը երբ բերանն էր,
Հեղեղ խոյն բարձրացաւ վեր.
Որ Մըշեցը գրկէ կեանքէն,
Երբ հասեր էր իր կեանքն ափէն.
Ձի Մասեաց ի վերև
Ճաղ ծագել էր արև:
Հեղեղ ցածցաւ,
Շուտով չորցաւ.
Մըշեց ըւըրից հեղեղատէն
Անցաւ Թըռաւ՝ ալըզալըզալէն,
Հեղեղին դեռ նա
Կը տաղերգէ մահ:

Այս սուտը ես չեմ մեկներ
Դուք մեկնեցէք, ընթերցողներ,

Թ.

Յոպոպ եւ Բբու

« Աչկունք սիրանոյշ,
Երբ ըղձեղ ի յուշ
Ածեմ,
Ասեմ.
Աչկունք լուսակաթ,
Ինձ է՞ր նայեցայք,
«Եւ զիս ի սէր
Վառեցիք է՞ր »:
Աչկունք սիրանոյշ,
Երբ ըզձեզ ի յուշ
Ածեմ,
Գոչեմ.
« Աչկունք հոգեգրաւ,
Սրտիկս այրեցաւ,
Յիս սիրակաթ
Երբ նայեցայք »:

Աչկունք սիրանոյշ,
Երբ ըզձեզ ի յուշ
Ածեմ,
Ձայնեմ.
«Աչկունք յոյժ պայծառ,
Հոգիս ի լոյս վառ
Պարարեցաւ,
Ճենճերեցաւ»։
Աչկունք սիրանոյշ,
Երբ ըզձեզ ի յուշ
Ածեմ,
Փողեմ.
«Աչկունք աղուորիկ,
Հոգւոյս թև տուիք
Թռիլ ի գիրգ
Վարդիս ի գիրկ»։
Աչկունք հրանոյշ
Երբ ըզձեզ ի յուշ
Ածեմ.
Կրկնեմ.

«Ո՛վ աչկունք սիրական,
Ձեզ նայիլ ո՞ ինձ տայր,
Ոչ այժմ միայն,
Այլ յաւիտեա՜ն»։

Աչուղ տաղեց,
Հարսնուկ լըսեց.
Սրտիկ տրոփեց,
Աչուղն աչեց
Կեսուրն հարսին
Դէմքը լուսային
Յանկարծ տեսաւ
Ու զարմացաւ։
Հարսնուկն համեստ
Կեսրն ի տես՝
«Վա՜յ» կոչեց,
Հառաչեց.
Թէ առաւ Արամազդ էն,
Ծուռ ճըռաւ պատուհանէն.
Վարդ հարսնուկն եղաւ Յաւրով,
Վըկայ է գըլխին խաւրով։

Ձի սանտրն ի գլուխ էր մոռացել,
Երբ աշուղին չէշտ էր նայել։
Աշուղին ալ հոգին լացաւ,
Արամազդէն Բրու եղաւ.
Բայց դեռ ոտքս ի մարգս Հայաւն
Կան խրամով ի սէր պեղուն *,

—

Մանչեր, հարսներ Հայաստանին,
Մեռնիմ ես ձեր խիպ-ամօթին։

---

* Կը պատմուի թէ Յոպոպը մէկ համեստ հարս է եղեր, որ Աշուղին երգած ատեն երբ գլուխը կը սանտրէր, պատուհանէն դուրս կը նայի, բայց յանկարծ կեսուրէն կը տեսնուի, և ամօթէն կը խնդրէ Աստուծմէ, որ թռչուն դառնայ և թռչի երթայ։ Մուրազին կը հասնի։ Դեռ այսօր Յոպոպին գլուխը կայ այն սանտրը, որ նայած ատեն գլուխն է եղեր։ Աշուղն ալ այս բանը տեսնելով՝ սրտին ցաւէն Բրու ծաղկին կը փոխարկուի։ Յոպոպ յաճախ այդ ծաղկին կը նայի ի նշան սիրոյ։

Ե· ՏԱՍՆԵԱԿ

Ա.

Յորեն եւ Կորեկ

Օրին մէկ Յորենն ըսաւ․
«Ով Կորեկ, մընաս բարեաւ․
Շատուց ի վեր ունիմ ախտիկ,
Երթալ օր մը ի Բէյգէօզ:
Կեցիր բարով,
Կու գամ շուտով:
Քեզ կը բերեմ շատ ընծայներ;
Գոհար մատնի ու մանեակներ․
Քեզ կը թողում խլին պաշտօն,
Կ'աղաչեմ որ յանձն առնուս դուն:
Խօշոր կլոր եղիր հացիկ,
Փուռնիկ, կլոճ, տողիկ, լօլիկ․
Ապուր, ճըմուռ, եղիր մալէզ․
Նայէ որ տեղս բաց չը ձգես:

Կորեկն բանս այս լսաւ ,
Ցորենին հետ պարտըւեցաւ :

Բայց վայրկեան անցած չէր ,
Ի՞նչ կը տեսնես . Կորեկ մեր
Հեռուէն հեռուէն
Ցորենին ետեւէն
Մասիսէն յԱրագած ,
Արագածէն Բասենի դաշտ
Վազեց , հասաւ ի Բիւրական .
« Ցորեն աղբա՜ր , սոյն ձըգեց ձայն.
Կեցիր , կեցիր մէկ քըչիկ ,
Քեզ բան ունիմ ըսելիք .
Ինծ՛ ըսիր սանկ նանկ եղեր .
Բայց չըսիր , թէ բարակցիր ,
Երկնցիր , լաւաշ եղիր :

«Չը գիտեմ ո՛հ , արդեօք մոռցա՞ր ,
Լօշ ալ ըլլա՞մ , Ցորե՜ն աղբար » :
— « Չէ՛ , մ'երկարիր , մի բարկընար » :

— « Ինչո՞ւ համար » .

— «Այսչափ կ՚ըսեմ կ՚իմանա՞ս,
Թէ փորձ փորձես, կը պղծաս»։
Բայց Կորեկ մարդուցմէն
Ցեսած մեծ պատիւէն
Խիստ սոնքացած՝ օր մը փորձեց
Լաւաշ ըլլալ, սակայն գիտե՞ս,
Ի՞նչ եղաւ. երբ երկարցաւ,
Բարակցաւ ու խեղեփցաւ,
— Փոր փլսոր եղաւ.
Խայտառակուեցա՛ւ։

—

Երբ չափէդ վեր կը խիզախես,
Խաղք կը լինիս փառաւորապէս:
Բարեկամ, ինձ նայէ.
Առակիս միտքն այս է,
Լաւ կ՚ընես,
Թէ լսես։

Թ.

Ցորեն եւ Քիստ

«Աստուած, փա՛ռք քեզ.
Այս ի՛նչ ձիրք մեծ
Բուսոց մէջ մեզ ես տուած,
Մէկ հատիկ ես ըստեղծած:
Բայց երբ աշխարհ կը գուրգուրայ
Բոլորովին մերին վերայ,
Սա անպիտան վատուժ Քիստեր
Դէպ վեր տնկած իրենց քըթեր՝
Կը խըրոխտան կը սօսաւեն,
Կարծես ըզմեղ միշտ կը ծաղրեն:
Աշխարհիս մէջ՝ Քիստեր, ըսէք,
Դուք տո՞ւնկ, բո՞յս էք, ունի՞ք շահ դէթ.
Գոնէ աւել թէ ըլլայիք,
Ա՛լ որչափ տի պարծենայիք.
— Տէ՛ր Աստուած, ինչո՞ւ դուն
Ի վերեւ մեր գըլխուն

Այս անշահ Բխատեր
Մեղ ընու ես դըրեր ։
Յօրինուկը դ.եռ լըռած չէր ,
Ահա Բխատն էր , որ կը ծըռէր ,
Սաղէս նորա ականջն ի վար
Կամացուկ մը կը մըմըռար .
« Բուրուկըս , շատ մի խօսիր ,
Այլ մէկ քիչ ինձ միտ դիր ։
Դու որչափ որ բարիք մեծ ես ,
Բայց առանց իմ դուն ոչինչ ես » ։
— « Վա՛յ խելքիդ ,
Ա՛յ Բխատիկ .
Կը մտածե՞ս ,
Թէ ի՞նչ կ'ըսես » ։
— « Շատ մի՛ խօսիր .
Ձայն լաւ գիտցիր ,
Որ երբ խօսի ճըմարտութիւն ,
Ամաչելէդ կը մտնես դուն
գետնի տակ ,
Ո՛վ Յօրեակ .

Երբ կը ծնիս մատղաշ՝ փափուկ ,
Մեք չը ծլինք իսկոյն՝ շա՛տ շուտ ,
Զը տնկուինք դըլխուդ վերայ
Որեւէն քո կեանք ո՞ւր կ՚երթայ ։
Հապա ըզձեզ Թուչուններէն
Ո՞վ կը պահէ , ո՞չ ապաքէն
Մեք ․ զի երբ դան ուտել ըզձեզ ,
Նոցա կոկորդ կը մտնեմք մեք ,
Կը խղդեմք չարաչար
Փուրիկը , հասկցա՞ր ։
Ուրեմն ինչո՞ւ կը նեղանաս ,
Սանկ նանկ էք չէք կը տրտըմաս ․
Ինչպէս որ մեք կը դաւանիմք ,
Թէ Ցորենդ ծնիմք ծաղկիմք ,
Ուրեմն այսպէս
Գիտնալու ես ,
Որ առանց մեր դուք ոչինչ էք ,
Եւ առանց ձեր ոչինչ եմք մեք ։

Տէր ոչ մէկ իր գիտցիր՝ Ցորեն ,
Ջուր չէ ըրեր ․ արդէտներն են ,

Որ կարծեն թէ այս ինչ բաներ
Ոչինչ ի զուր են ըստեղծուեր »։

Այս սատկին չ՞որ մեկնեմ ես
Երբ իմ Քնարիկ արդէն մեկնեց ։

Գ.

Դըղում

Լըսէ , եղբայր , թէ Դըղմենին
Ի՞նչ խօսեցաւ օր մը ինքնին .
« Է՞ր , ինչո՞ւ մարդիկ ամէն
Անխելքին դըղում ըսեն ։
Է՜ն , ուրեմն՝ ըսել է ,
Թէ Դըղումն անխելք է ։
Քննենք , անխելքն ո՞վ է , ե՞ս եմ ,
Թէ մարդի՞կ են . օ՛ն հաստատեմ ։
Նայէ մէկ մը տեսակ տեսակ
Սա մեծ խմբին ձըմերուկաց .

Նայէ մէկ մ'ալ մարդկանց խնճքի ,
Որ ըրեր է դուքս յարգի ։
Գէթ մէկ օգուտ իրենց ունի՞ն ,
Թող ինձ ցոյց տան , եթէ ունին ։
Հիմակ շատ լաւ.
Միտքըս ընկաւ ,
Քիչ օգտութիւն մարդկանց ամէն
Կուսան եղեր ամրան տանէն ։
Թէ լոկ այդ է ,
Այդ ալ բա՞ն է ։
Բայց իմ օգուտ համրե՞մ այժմէն ,
Ամէն տեսակ անուշեղէն
Ու կերակուր ես կը լնիմ ,
Թող որ ամէն տեղ կը բռնիմ .
Եւ ձմերուկէ դիմացկուն եմ
Ջուել համեղ , խոշոր ալ եմ» ։
Քիչ մը Դդումն հոս կանկ առաւ ,
Քիչ մը մտածեց , յետոյ ըսաւ .
« Թերեւս զուր տեղ կը մեղադրեմ ,
Մարդիկներուն սանկ նանկ կ'ըսեմ .

Կարելի է ա՛յս է պատճառ ,
Որ ինձ նոքա պատիւ չեն տար ։
Դարուվեր տեղ մը բուսած՝
Միս-մինակ հոս եմ մնացած .
Եթէ երթամ
Ու մեռնամ
Խառնըւիմ մէջ ձմերուկներին
Գուցէ մարդիկ ինձ ալ նային .
Փորձեմ ,
Տեսնեմ » :

Ըսաւ . բըղ-ու քիր արմատէն ,
Գըլտոր մըլտոր դէպ վար դարէն
Գալով մտաւ պետեղեցաւ .
Բայց ի՞նչ վախճան հոն ունեցաւ ,
—Դըդմին երես նայող չեղաւ,
Հոն լխկեցաւ ոչընչացաւ ։

— —

Որք կոյր ու սուտ յուսով կ'ելնեն,
Տեղ ու վիճակ կը փոփոխեն ,

Այս առակիս Դըրուժին նըման
Խաղք ամէն տեղ անշուշտ կ՚ըլլան ,
Եթէ չ՚անսան իմաստուներին
«Ծանի՛ր ըզքեզ» . այս առածին ։

Դը

Ցորեն եւ Գարի

Կը խօսէին մէջ ամբարին
Ցորենուկն ու Գարին .
Ցորեն կ՚ըսէր . «չը կայ տունկ մի
Որ ազնուանի ինձ չափ լինի» ։
Բայց Գարին ալ հակառակէր ,
Եւ իր փաստեր մէջ կը բերէր ։
Մինչ իրկուն երկոքեան
Շատ երկար վիճեցան ։
Սակայն Գարին երբ իշոց
Լսեց ոտից դըխըրտոց ,
«Ով բարեկամ , էշեր եղ չեն ,
Որ իմ թէ-թէ-ով ջուէն ելնեն .

Կամ թէ մարդ ալ չեն,
Ու քո դին տաշեն։
Եկ ուրեմն, սա ճեղքէն
Դուրս ելնենք մենք այժմէն,
Եւ ձայնենք. «ո՛վ էշեր,
Կորեցէք այս դաշտ մեր,
Թէ ո՞վ աշխարհի
Է լոյժ սխտանի»։
Հաւանեցան դուրս փախեցին,
Բայց չուտ մ'էշեր՝ «դարին, դարին»
Զրկուեցին, լայն թխեցին։

—

Վա՜յ աշխարհին, ուր կան ու կան
Դատաւորներ լուանքման.
Նոցա աչքև փորին լոկ չափ
Ամէն բանէ գերադաս կայ։

Ե.

Տօլ եւ Դդում

Տօլն ու Դըդում իրար գըտան ,
Միմեանց վերայ նախանձեցան .
Պէս. բռնեցին , որ իրենց դատ
Երթան տանին մարդոց առաջ ։
Վարէն վեր , վերէն վար
Օրն ի բուն անդադար
Կը գլորէին ,
Կը վազէին ։
Բայց մեր Տօլուկ կը ցատկռտէր ,
Սաստիկ գըլորւ և կը հանէր ։
« Քուրուկ , այս ի՛նչ պառւում գոչում
Կը հանես դու , կ'ըսէր Դըդում .
Չը՞ լինիր որ դուն ալ ինձ պէս
Լոլիկ մէջիկ , կամաց քալես » ։
— « Քա՛ , խնդումէս կը մարիմ ես ,
Սա քաղաքին երբ կամ ի տես .

Մարդիկ ձայնէս հոն թունդ ելած՝
Պիտի սպասուէին գլխ անկասկած։
Քուրիկըս քա,
Քեզ ի՛նչ հոգս
Պիտի անեն. մեղքս կուգայ,
Երբ կը նայիմ քո վերայ։
Ոչ ձայն ունիս, ոչ քալք՝ աւա՛ղ.
Դըրդում մը ես հասար դանդաղ»։
Երկար չընեմ, հասան քաղաք,
Ուր Տօղ հասաւ յանարգ վիճակ.
— Տըղոց եղաւ խաղալիկ —,
Մինչդեռ բարձըր սպասէ Դըդմիկ
Գըտաւ մէջ մառանին
Հաւիչ մամ պառաւին։

—

Ինչո՞ւ մեկնեմ այս իմ առակ,
Երբ կը խօսի յայտ համարձակ։

Ջ.

Խորտիկներ եւ Գինի

Ի սեղան վերայ դըրուած՝
Համադամ խաշուած եփուած
Խորտիկները սըճրակեցան,
Իրարու հետ վէճի մըտան։
Թանապուրն յառաջեց.
«Բարեկամք, նա ձայնեց.
Ախորժելի իմին համով
Մեծը ձեր մէջ ես եմ պատուով,
Ոչ ապաքէն և Նախադաս
Կ՚ուտուիմ հոս միշտ ձենէ առաջ»։
Բայց Աղն ըսես
Խօսքը կտրեց.
«Լոկ ոչ թէ քեզ, ձենէ որո՞ւ
Համ ես չեմ տար անուշ ազդու.»։
— «Ինձ ոչ երբէք.
Հրուշակ գոչեց։

Այսպէս երկար մէջ կը բերէր
Իւրաքանչիւրն իր մեծ փաստեր ·
Իսկ Պղպեղին չը դիմացաւ ,
Ինքն ալ բերան բացաւ ըսաւ ·
« Լսեցէք ·
Լսեցէք ·
Ես եմ մեծը պատւով մէջ ձեր ,
Չէ՞ կը ցանուիմ ի վերայ ձեր » ։
— « Ոչ իմ վերայ » · Մածուն ձայնեց։
Դեռ կը տեւէր սոյն մեծ վէճ
Երբ Բադոսն՝ որ յայն հանդէս էր
Կոչուած , ծիծաղ ի քիմս չըսեր ·
« Դուք ո՛վ էք , որ եկեր էք ,
Կը չափուիք իրարու հետ ·
Ինձ նայեցէք , առէք ամօթ ·
Ինչպէ՛ս ձեզ պէս չեմ պարծենկոտ ,
Մինչ ես աշխարհի
Յոյժ եմ սիրելի ։
Ով զիս պաշտէ , ե՞րբ չը գոչէր
Կեցցէ Բադոս , որ սրտին մեր ,

Նոր կեանք կուտայ ուրախ դուարթ
Կեցցէ գինւոյ կարմիր բաժակ » :
Բաղոս լըռեց ,
Բայց փայլեց
Խորտիկներուն առհասարակ
Ախորժելի ծիծաղն ու ծափ :

Այս առակի մեկնութիւն
Ես չըգիտեմ , գըտիր դուն :

Է.

Անթառամ եւ Վարդ

« Բարեւուկ
Քեզ , քուրուկ , »
Միս-մինակ թփիս տակ
Դու ծլած կաս ծաղկած :
Ոչ ինձ պէս ունիս տերեւ
Փառաւոր խիտ արդարեւ .

Ոչ ինձ նման
Անըրման
Ունիս դոյն
Գոյնզգոյն ։
Տիրոջ փառք, որ ինձ ասանկ
Պարգեւեց շնորհեց կեանք.
Պլպուլն ի տեսս անուշ կ'երգէ,
Թոյրէս բոյրէս հոգի կ'առնէ.
Ցերեկ գիշեր
Վառի յիմ սէր ։
Իսկ հէզըլդ դուն, Անթառամ,
Տգեղ՝ անհոտ յարաժամ
Ունիս մէկ կեանք
Անխառ ունակ ։
Ես իբըր կոյս
Ունիմ իմ լոյս.
Կը փայլիմ,
Կը սլծնիմ.
Ես հարսն դժոխոյ
Եմ Աստուծոյ ։

Իսկ դուն անշնորհք ես մէկ ծաղիկ,
Ո՛չ իսկ ծաղիկ, այլ մէկ խոտի՛կ»։

Վարդիկն որ մը թփին վերէն
Անթառամին այսպէս բարձրէն
Կը քրթմնջէր,
Կը ծիծաղէր։
—«Բուրումս, ես քեզ
Մաղթեմ երնէկ.

Ի՛նչ տի ըլլայ շքեղ վիճակ,
Երբ չունիս դու կեանք մը շատ.
Տէրն ինծի չէ տուեր գեղեցկութիւն,
Բայց շնորհեր է կեանք մը տեւուն»։

Դեռ կը խօսէր, փչեց քամին,
Շուտ դհասուդէն տերեւք Վարդին
Ցրուեցան,
Ցնդեցան։

Իսկ Անթառամ իւր տերեւներ
Կը փայլէին դեռ շա՛տ օրեր։

Անթառամին այս առակի
Նըմանէ դո՛ւ , ո՛վ Հայ որդի ։

Ը.

Սիսեռ եւ Գլուկ (լէպլէպէ)

Գլուկ Սիսեռին ասեց մըլէց .
« Ինտո՛ր , քուրիկս , ինձ նըման ես .
Բայց մեր ցեղէն չեմ կարծեր զքեզ ,
Զի չես կոկիկ , կլոր-կլոր ինձ պէս » ։
— « Նոյն ազգէ եմ . միայն սա կայ ,
Որ մարդոյ ձեռն ես դեռ չընկայ .
Որ սև խալկին ես մանէի ,
Խաշխըշէի , մըմըկէի .
Յետոյ քո կերպն առնէի ես ,
Չը ճանչէի ազգըս քեզ պէս ։
Մ՛նաս բարով .
Երթամ շուտով .
Մի՛ գուցէ տէրդ գայ զիս տեսնէ ,
Ու խալկինը դընէ տանէ ։

Ինձ ի՛նչ կօլլէր նոր ձեռ. ձերմակ,
Երբ ինձ յարդի է օրս ազատ»:
— «Մի փութար,
իջնեմ վար.
Ես ալ քեզ հետ կուգամ՝ քուրիկ,
Չիս է՞ր թողուս այս տեղ մենիկ„:
Գնացին յարտ, բայց ի՞նչ եղաւ Գլուկ.
— Հօն անպիտան, մընա՛ց ամուլ:
Իսկ ծնաւ Սիսեռ, ծաղկեցաւ շատ
Զի Բնութեան էր դեռ հարազատ:

— —

Ձեզ կ'ըսեմ, ձեզ՝ բոլոր Հայեր,
Ղուրբան ըլլամ արեւուն ձեր.
Բնական համբէն մի՛ շեղիք մի՛,
Որ պըտուղ տաք Հայաստանի՛:

Թ.

Անպոչ ճգնաւոր եւ Լոշտակ

Ատենօք կար ու չըկար,
Անպոչ մէկ ճըգնաւոր կար:

Հայաստանին գեղեցիկն էր նա,
Տուն և դըրունակ բաց էր նըմա:
Խօսքը սիրուն, հեշտ էր պատուէր,
Հայոց ազգին լոյսն ու յոյսն էր.
Իր փոքրաւորն էր ճորտ Լոշակ,
Ներսէն սատան, դրսէն հրեշտակ.
Սա Անապոչկին մրափին ատեն
« Այրեմ, ըսաւ, մօրուքն անդէն:
Ինչպէս երբեմն Գրող խածաւ,
Իրեն պոչը փրցուց տարաւ,
Ես ալ վառեմ մօրուքն հիմիկ,
Գործովս Գրողէն շատ վեր անցնիմ»:
Յուշիկ մօրուքն խըղով ծիթով
Մաժեց հլատեց, տաւ շուտով
Վառ պատրոյգը, որ դպցունէր,
Յանկարծ բացաւ Անապոչն աչեր,
Ճիչք տեսաւ,
Խոզլեցաւ,
« Ոճիրք է մեծ, գետինն անցիր,
Չի՞ էր քո պէս սիրտ ոք ժողիրհ

Ընէ դեռ կոխ
Հայո՛ց սուրբ հող ։
Մոխիր ողջամբ, քէնկ, թող դառ
Հայոց որդիք սանուն, Լուսնակ ,, ։
Անէծքը դեռ բերանն էր,
Լուսնակ գետին կը մտնէր .
« Մէկ Հայ պիտի չըլլա՞յ երբէք ,
Որ զիս հանէ , պրծիմ պատժէդ » ։
Ըսաւ . Անդրոչ պատասխանեց .
« Ով որ ըշքեզ հանէ տեղէդ ,
Ինք թող մտնէ քուկին տեղը .
Վկայ լինի թող արևը » ։
Գետնին տակ Լուսնակ մնաց ,
Բայց զինքն հանող ցարդ ոք չեղաւ* ։

---

* Լուսնակ մարդակերպ մէկ բոյս է. կը պատմուի թէ ճգնաւոր մը կայ եղեր, որ պաշտպը Ս. Կարապետի օճախը կը մաքրէ եղեր, որպէսզի կող Գրողը գալով՝ մոխիր գտնելով չխառնէ և Հայոց աշխարը չխռովէ ։ Օր մը Գրողը

Զար մի՛ գործէք, ով Հայ տղայք,
Որ Լուշտակին պէս դուք չըլլաք։
Հաւատարիմ, երախտագէտ
Կացէ՛ք Մեծայնք միշտ և յաւէտ։

կը յաջողի ճգնաւորին աչքը խածնել, փրցունել ու տանիլ, որով անիկա կը մնայ նա։ Ասոր քով կայ եղեր մէկ փոքրաւոր Լուշտակ անուն. օր մը սա ճգնաւորին քնոյն ատեն մօրուքը կը ձիւթոտէ, և երբ վառ պատրոյգը ալխոի դպցուներ, Անապոչը կ՚արթննայ, և կ՚անիծէ ըսելով. «գետինը մըտնե՛ս»։ Լուշտակ գետին մտած ատեն՝ խնդիր մը կ՚ընէ, որուն Անապոչը կը պատասխանէ. «ով որ զքեզ գտնէ, և եօթ թզաչափ խորութենէ հանէ, անդղ թող մանէ. բայց նորէն ալխոի չը կենդանանաս, այլ ամէն տեսակ հիւանդութեան դեղ ալխոի լինիս»։ Գիւղացիք լուշտակը երբ գտնեն, կը փորեն չուրջը, մինչև տանեըը. յե-

Թ.

Սօսուն եւ Պայպուն

« Է՞ր կը հրճիս
Ի մէջ դրախտիս,
Ով կոյս աղջիկ »։
— « Եկի յայս դրախտ
Ճակտիս ի պարտ
Գտնել մէկ վարդ »։ —
« Դու ի նանիր
Կաս ի խնդիր
Վարդից կարմիր,
Ո՛վ կոյս ընտիր ։

տոյ եօթն օրէ ի վեր անօթի շան մը վզէն կը կապեն թոկը, որուն ծայրը կապուած է լոշտակի արմատին, շունը բունի կը քաշէ ծեծ ուտելով. եւ երբ կը հանէ՝ կը սատակի, քաղցէն ու ծեծէն անշուշտ. բայց գիւղացիք կը մեկնեն թէ, ճգնաւորի անէծքը շանը վրայ կատարուեցաւ ։

— « Տես մէջ դրախտիս,
Վարդեր քանի՛ս
Փայլին վառ վառ
Ի գոյն պայծառ » : —
« Դոյա մէջ վարդ.
Ճակտիդ ի զարդ.
Արժանաւոր
Չիք, կոյս աղւոր » :
— « Զի՞նչ կը խօսիս.
Նայէ թփիս,
Վարդեր քանիս
Կան, սիրելիս » : —
« Ով գեղանի,
Չեն արժանի
Զարդ գեղեցիկ
Դոքա ճակտիդ » :
— « Նայէ հիմիկ
Քաղեմ վարդիկ,
Տես փայլելուց
Չէ՞ ճակատուս » : —

« Ով օրիորդ,
Վարդենիդ է փշոտ,
Քո քնքոյշ մատ
Ցաւ կ'առնու շատ»։
— «Հոգ չէ, հոգ չէ.
Ցաւ ի վերջ է
Թող կայս կըրէ,
Սիրելի՛ն»։ —
«Այդ վարդ՝ աւա՛ղ,
Թառամի վաղ.
Անթարշամ վարդ
Ճակատիդ ա՛ռ զարդ»։
— «Զայն ո՞ւր գտնեմ.
Ո՞ւր ես դաշեմ»։ —
«Այն վարդ կարմիր,
Կայ դու ընտիր,
Ի մէջ սրտի
Ծլի ծաղկի»։
— «Ո՞ւր սիրտ գտնեմ.
Ի՞նչպէս քաղեմ»։ —

« Երբ պատանի,
Կայս գեղանի,
Տեսնես հեռուն
Տուր մէկ ողջոյն »։
— « Ողջոյն ի՞նչպէս
Տալ իշխեմ ես
Պատանեկին
Անծանօթին »։ —
« Քո սիրական
Աչաց ակնարկ
Է պատանւոյն
Սիրոյ ողջոյն »։
— « Շատ նայեցայ,
Բայց ինձ նորա
Ցուրտ նայեցան,
Ու մեկնեցան . . . »։ —
« Երբ նայեցար,
Կայս դու պայծառ,
Տուի՞ր օժիտ
Քո նայածիդ »։

— «Ես աղքատիկ
Օրիորդիկ
Ուստի՞ օժիտ
Տամ նայածին»: —
«Երբ դու նայիս,
Տուր մէկ ժպիտ.
Լոկ քո օժիտ
Այն է, աղջիկ»:
— «Փոխան ժպտիս՝
Ով պատանիս,
Զի՞նչ յուսամ ես
Սիրելիէս»:
— «Լոկ լեր սրտիկ,
Կո՛յս գեղեցիկ.
Հոն կայ վարդիկ
Ի հիւս ճակտիդ»:
Պայպուն ժպտեցաւ.
Սոսունն օժտեցաւ*:

* Սոսուն դեղին և Պայպուն կա-
պոյտ ծաղիկներ են, որք գարնան

Բայց վա՛յ աւա՛ղ, չառին ծաղկաց
—Իրենց սրտին սիրոյ փափաքը.
Զի մարիկն էր դէմ Պայպունին,
Իսկ մամն արդեւք էր Սօսունին։
Փախան ի դաշտ, պլլըւեցան.
Սրտով հոգւով ի մէջ գեղան.
Բայց երբ ծագէր լոյս արշալոյս,
Արամազդէն խնդրեցին յոյժ,

մէջ մէկտեղ կը բուսնին, գիշերնե- րը իրարու կը պլլուին, և առաւօ- տուն իրարմէ կը զատուին։

Կը պատմուի թէ մէկ պատանի և աղջիկ իրարու կը սիրահարին. երբ ծնողք կը հակառակին, գիշերանց կը փախչին, առաւօտեան դէմ նկատե- լով՝ որ պիտի տեսնուին և բռնուին, կը խնդրեն Աստուծմէ, որ պահէ զի- րենք։ Աստուած երկուքն ալ ծաղի- կի կը փոխարկէ։ Ահա այս է Սօսուն և Պայպուն ծաղիկներուն վրայ պը- րուցուած առասպելը։

Որ նախանձոտ պաշտէ աչքէ
Իրենց սէրը, մարդէ՛ ծածկէ:
Ով նուրբ, սո՛ւրբ սէր,
Երկու սրտեր
Դուն ի՞նչ ըրիր.
— Ծաղիկ ըրիր:

Զի՞նչ ընէր Մեծն Աստուած,
Երբ երկու սիրտ մի՛կ էր եղած.
Գուցէ ձեռներ վառ մարդկային
Այդ հիասքանչ չէինք քանդէին:
Նորա ցայտօք մեկտեղ ծլին,
Իրարմէ զատ կան ցերեկին,
Բայց կը փարին գիշերն ի քուն
Կրկին պատուին կանուխ առաւուն:

— —

Ես ի՞նչ կ'երգեմ, երբ թափուր է
Սիրտս երկնայի՛նդ այդ սուրբ սէրէ....
Պիտի փրկուի Հայաստան, Տէ՛ր,
Երբ ի Հայ սիրտս չեղուս այդ սէ՛ր:

ՎՐԻՊԱԿՔ

Երես	Տող	Սխալ	Ուղիղ
31	14	կը կարմըրի՛	կը մարմըրի՛
64	1	գ.ործ	գործ
66	12	պիաի	պիտի
78	3	կը գ.ավեն	կը գովեն
89	17	Որդ ելն	Արգիլն
90	5	ձանրոյթ	Ձանձրոյթ
104	20	ընաիր	ընտիր
110	9	դ.ռւայ	դռւաց
114	8	ինքին	ինքնին
118	13	քեզ ինչ	քեզ ի՞նչ
135	15	Ուրեմն	Դուն ալ
143	1	Ի սեղան	Սեղանի

ԱԶԴ

Գաւառական քանի մը բառերուն բացատրութիւնը գրքուկիս Բ. հատորի վերջը պիտի դրուի ։

ՀԱՅԿԱԿԱՆ

ՅԻՍՆԱԿ ԱՌԱԿ

ՎԱՀԱՆ ՎԱՐԴԱՊԵՏ
ՊԱՐՏԻԶԱԿՑԻ

Կ. ՊՈԼԻՍ
Ի գրանոցի Վ. Յ. Մարգարեան
1880

ՀԱՅԿԱԿԱՆ
ՑԻՄՆԱԿ ԱՌԱԿ

Թ.

ԱՌ ՆՈՐԻՆ

ՊԱՏՈՒԱԿԱՆ ՎՍԵՄՈՒԹԻՒՆ

ԱՂԱ ՄԿՐՏԻՉ

ՍԱՆԱՍԱՐԵԱՆ

ԲԱՐԵՐԱՐ ՀԱՅՐԵՆԵԱՑ

ՁՕՆԷ

ՄԵԾԱՒ ՍՔԱՆՉԱՑՄԱՄԲ

ՎԱՀԱՆ ՎԱՐԴԱՊԵՏ

ՀԱՅԿԱԿԱՆ
ՅԻՍՆԱԿ ԱՌԱԿ

Ա. ՏԱՍՆԵԱԿ

Ա.

Հայոց Աստղիկ

«Պայծառ աչերդ արեւ աչեր,
Արեւ աչերդ լոյս են կաթեր.
Լոյս են կաթեր, սրտիկս վառեր,
Սրտիկս վառեր, հոգիս այրեր,
Ա՛հ, Աստղիկ
Աղւորիկ:
Գոհար բիբերդ զոյգ են աստղեր,
Զոյգ են աստղեր, ի ծով մւղեր.

Ի ծով լուղեր, ալիս հաներ,
Ալիս հաներ, սիրտս են յուզեր,
Ա՛հ, Աստղիկ
Իմ լուսիկ :

Կամար ունքդ է լուսնի մահիկ,
Լուսնի մահիկդ ծիր է առեր.
Ծիր է առեր, կամար կապեր,
Կամար կապեր, հոգիս սխմեր,
Ա՛հ, Աստղիկ
Իմ լուսնիկ :

Այտերդ չքնաղ վարդ են ծլեր,
Վարդ են ծլեր, փայլ են սփռեր.
Փայլ են սփռեր, սոխակ կոչեր,
Սոխակ կոչեր, ինձ են ձայներ,
Ա՛հ, Աստղիկ
Իմ վարդիկ :

Շրթ՚ներդ կարմիր ոսկի են լար,
Ոսկի են լար լուսանըկար.
Լուսանըկար առեր են շար,
Առեր են շար ծիրանափառ,

Ա՛հ, Աստղիկ
Գեղեցիկ։

Ծով աստղներդ չար մարգարիտ,
Չարդ մարգարիտ ինձ մանեկիկ.
Ինձ մանեկիկդ վզիս զարդիկ,
Վզիս զարդիկդ հոգւոյս թագիկ,
Ա՛հ, Աստղիկ
Սիրունիկ։

Բիւրեղ ճակատդ ցոլ հայելի,
Ցոլ հայելի՛ սիրոյ սրտի.
Սիրոյ սրտի պատկեր նազլի,
Պատկեր նազլի, պատկերս փայլի,
Ա՛հ, Աստղիկ
Գոհարիկ։

Դեղձան քո վարսք ծով լուսալիր,
Ծով լուսալի՛ր ուսիդ ի ծիր.
Ուսիդ ի ծիր հովքն ի ցիր,
Հովքն ի ցիր՝ խաղան ի հիւ,
Ա՛հ, Աստղիկ
Դեղձանիկ։

Ծոցիդ ի դրախտ խնձոր ջուխտակ,
Խնձորդ ջուխտակ սրտիդ է պսակ.
Սրտիդ պըռան գլխին իմ թագ,
Գլխին իմ թագ սրտի՛ս կրակ,
Ա՛հ, Աստղիկ
Թագուհիս:

Ճիղմ հասակովդ ծառ ես ծաղկել.
Ծառ ես ծաղկել, ո՞վ գայ թառել.
— Ինձ՛ գալ թառել, քեզ փայփայել,
Քեզ փայփայել ու մեռանել,
Ա՛հ, Աստղիկ
Խորոտիկ:

Ձայնդ է անոյշ, երկնի՛ քընար,
Երկնի քընարդ սրտիդ է լար.
Սրտիդ այդ լար հոգւոյս է թառ,
Հոգւոյս և թառդ՝ ինձ գահ գոհար,
Ա՛հ, Աստղիկ
Իմ քնարիկ:

Կիսովդ արեւ, կիսովդ լուսնեակ.
Կիսովդ հէ—չէ, կիսովդ հրեշտակ.

Կխօսիդ աղու ես աղաւնեակ .
Կխօսիդ արծիւ թագաւորեակ ,
Ա՛հ , Աստղիկ
Քնքուշիկ :

Մանրիկ տոտիկդ ոսկի սոլեր .
Ոսկի սոլերդ գոյն գոյն նշխեր ,
Գոյն գոյն նշխեր , յԵփրատ մտեր ,
Յեփրատ մտեր, գուռն ես լուղեր ,
Ա՛հ Աստղիկ
Նոնոշիկ :

Իմ սիրտ թողեր , լուղիս ի գուռ ,
Լուղիս ի գուռդ , զովլիս ի ջուր .
Ջովլիս ի ջուր , ցայտես և հուր ,
Ցայտես և հուր սրտի՛ս տըխուր ,
Ա՛հ , Աստղիկ
Անուշիկ :

Հուր ակնարկեդ հոգիս խորվէր ,
Հոգիս խորվէր , փեսայ եղեր .
Փեսայ եղեր , իւղս է հալեր ,
Իւղս է հալեր , քեզ է օծեր ,

Ա՛հ, Աստղիկ
Իմ կրակիկ։

Մեռնիմ սիրոյդ. խելքս է թռեր,
Խելքս է թռեր, հոգիս քաղուեր.
Հոգիս քաղուեր, ղուրպան եղեր,
Ղուրպան եղեր կուսիդ ի սէր,
Ա՛հ, Աստղիկս
Սրբուհի՛կս»։

Աշուղ կուսին սիրով աշեց,
Սազին շտկեց, լարեց երգեց.
Լարեց երգեց, սրտեր տրոփեց,
Սրտեր տրոփեց, երբ զայս ձայնեց.
«Ա՛հ, Աստղիկս
Սրբուհի՛կս»։

Կոյսեր ի Սիմ բռնեցին պար,
Բռնեցին պար, կացին ի շար.
Կացին ի շար, առին կիթառ,
Առին կիթառ, երգեցին յար.
«Ա՛հ, Աստղիկ
Մեր քուրիկ»։

Մանչեր ելան, հուր վառեցին,
Հուր վառեցին, որ տօնեցին.
Որ տօնեցին, ծափեր զարկին,
Ծափեր զարկին, ոստոստացին.

« Ա՛հ, Աստղիկ
Մեր հարսիկ » :

Կոյսն ամչկոտ շատ դող ելաւ,
Շատ դող ելաւ, մարմրրեցաւ.
Մարմրրեցաւ, վեր նայեցաւ,
Վեր նայեցաւ, մարմնոյն քնքուշ
Ծածկոյթ բերաւ մէգն ու մշուշ:

Աշուղ տեսաւ, սիրտն հալեցաւ,
Սիրտն հալեցաւ, սազիկ զարկաւ.
Սազիկ զարկաւ, այս ձայն թռաւ,
Այս ձայն թռաւ, ոլորտացա՛ւ.

« Մըշոյ սարերն մըշուշ է,
Իր հողն ու ջուր անուշ է.
Մըշուշ է Մշոյ սարեր,
Աստղիկիս միայն խնէր,

Աստղիկի՛ս
Իմ սրտիս » (*) ։

———

Բայց իմ սրտի ո՞վ է աստղիկ ,
Եթէ ոչ դուն՝ Մա՛յր-Հայրենիք .
Մեռնիմ Աստղիս
Միրականիս ,
— Հայաստանի՛ս — ։

(*) Եփրատ Մշոյ դաշտը մտած ատեն կնճանայ սարերուն զարնուելով՝ ահագին գուռ—գուռ ձայն մը կը հանէ . սոյն տեղը կը կոչուի ԳՈՒՌԳՈՒՌԱՅ , որոյ մօտն է դիցանոյշ Աստղկայ գուռը , այն է լոգարանը ։

Մշոյ դաշտին ամառ ձմեռ մշուշով պատուելուն պատճառ կը տրուի Աստղկայ այգուն կանուխ ի լոգարան մտնելը , որով հարկ կը լինի եղեր մշուշներուն դաշտը պատել Աստղկայ

Թ.

Բուխերիկ

Համբայ Կիկոն իւր տուն նորեց,
Փական, երդիկ, թոնիր սարքեց.
Ալիւր մաղեց, շաղուեց թըրեց,
Մեղրով խառնեց ճըմուռ շինեց.

մերկութիւնը ծածկելու համար։

Կը պատմուի թէ առաջին անգամ Աստղկոյ ի լոգարան մտած ատեն սիրահար աշուղ մի երգած լինի, և այնքան զմայլագին երկար կ'երգէ, որ ի լուր ձայնին Հայ պատանիներ և աղջիկներ լոյս տանելով և խարոյկ վառելով ի տես նորա գեղեցկութեան կը փութան։ Աստղիկ ամօթահար կ'ստիպուի մշուշ իջեցնել երկնքէն և զինքը ծածկել հետաքրքիր

Ոչխար մորթեց, եփեց խորվեց,
Դուռ ու դըրկէց ձէնէց կանչեց։
Գիւղ գիւղացի խըլղաթ առին,
Գացին նստան վէր տանիքին.
«Բարով վայլես, հազա՛ր բարով,
Հազար տարի ճետով սլետով.
Ծէն կեցիր չէն տնովդ տեղով,
Ուրախ զուարթ ապրի՛ս լուսով»։

աչերէ։ Այն մշուշը գրեթէ միշտ կայ այգուն քանի մը ժամ միայն. ցարդ իսկ կայ և սոյն հազներգը. «Մշոյ սարերն մշուշ է, իր հողն ու ջուր անուշ է»։ Գիւղուղին մէկ քովն է Սեպանասարը, իսկ միւս ափն է Սեւ սարը կամ Սիմը, այն է Տօրոսը՝ որ Մշոյ սար ալ կ'ըսուի, ուր է և Ծովասարը, յորում կայ լիճ, և աննման խաւարծիլք։ Ի լերինս ցանուցիր են ցեղք քրդական, որք ծեք Հայերէն մը խօսիլ ալ

Նիկօն այս խօսք երբ կը լսէր ,
Քանի կ'երթար կը խելըուէր ·
« Գինի՛ օղի բեր , ծօ լամուկ ,
Աղաներուդ հրամցուր շուտ շուտ » :
Գինու բղիկ մ'և դատարկուած ,
Հազար անգամ նորէն լցուած ·
Կարգն մ'և եկաւ գովասանքի ,
Խօսքին կարգն ալ էր ուշ Հըլյի ·
« Տուն ըսես տուն՝ այս է մինակ ,
Կայ ու չը կայ իր նմանակ ·
Շէնքին շնորհքին ըսելի՞ք կայ ,
Աստուած վըկայ , երբէք չը կայ :
Մոլա պատեր , դուրան տանիք ,
Խոշոր մարդակ , նըխշուն աւլիք ,
Ալ ի՞նչ ըսեմ , ի՞նչն է կիսատ ·

գիտեն , և կը պարծին թէ Լուսաւորչի լոյս հաւատը թողեր են ի սէր ազատութեան իրենց պէնը չըղելու համար . . .

Ձեռքը դալար, խելքն անպակաս,
Ջոջ վարպետին
Հալւոր Մկօյին։
« Միայն սա կայ. է՞ր Բուխերիկ
Խօ չինուեր է ծուռիկ մուռիկ.
Շիտակն ըսեմ, այս Բուխերիկ
Ձէ վայլեր չէ՛ տանս խորոտիկ։
Քանդելու է, թող նոր չինուի,
Շիփ–շիտակուկ դէպ վեր անկուի.
Նայելու է որ վայելուչ
Լինի այս տան. ի՞նչ կ'ըսէք դուք,
Իմ աղբրտանք »։
— « Այո՛, այո՛, մըկայ քանդ տանք »։
Ըսին չըսին շուտ քանդեցին,
Սակայն երբէք չը նկատեցին,
Որ Բուխերիկ թէեւ ծուռ էր,
Բայց ծուխն ու մուխ շիտակ կ'ելնէր.
Պէտքի բանն այս էր,
Բայց փնտռողն ո՞վ էր։

— —

Վա՛յ իմ մեղքիս, ազգիս Բուխրիկ
Շիտակ ըլլայ կամ թէ ծուռիկ,
Մուխը օր մը շիտակ ելած,
Դուրս ծաւալած ո՞վ է տեսած.

Պատճա՞ռ.

— Եղբայր,
Զի ցարդ չունինք անշահադէտ՝
Գիտուն՝ աշխոյժ ճարտարապետ,
Որով և մուխ ներսը չը մնար,
Աչուընիս ալ չը կուրանար:

Գ.

Առիւծ, Կապիկ, Աղուէս

Քաջ Առիւծին էր մէկ Կապիկ
Ըսպասաւոր ծըրաջանիկ.
Փայտ կը կոտրէր, շալկէր բերէր,
Թոնիր վառէր, լոշ հաց կ'եփէր.

Տուն տեղ կ'ուլէր, կը ցատկռտէր,
Հրաման ու խօսք տանէր բերէր։
Ա՛լ ի՞նչ ուզէր գործ պատուաւոր,
Ա՛լ ո՞ր փնտռէր բաղդ փառաւոր.
Առիւծին ալ ա՛լ ի՞նչ պակսէր,
Երբ տանտիկին տնտես ունէր։
Միայն Կայլիկն ատեն ատեն
Կը խելըռէր հըպարտօրէն.
Հարկաւ երբ դիմն երես տունէ,
Խիկար կ'ըսէ. ափափ կ'ուզէ.
Չը դիմացաւ,
Նախանձեցաւ

Աղուէսուկն՝ որ կը տեսնէր
Կայլիկին մեծ շնորհներ.
Խոր խորհեցաւ, որ Կայլիկին
Խերն անիծէ բոլորովին։
Շորորալով խեղճեփնալով,
Առիւծուն առջ նախ պագնելով,
Թաթիկն ի գլուխ օր մը ելաւ,
Առիւծուն դէմ խոնարհեցաւ.

Բարեւեց,
Մրմնջեց.
«Տէր Թագաւոր, մեռնիմ ոտքիդ,
Ահեղ ուժիդ պեխիդ պոչիդ.
Բայց քո խելքի՞, — լեզուս յառայ
Ջերթար, տէր իմ, ըսե՞մ շիտակ. —
Խելք ըսես խելք, մարդունն է
Մերին ի՞նչ է։
Բայց երբ՝ տէր իմ, կայ ճար ճարակ
Ունենալու խելք մարդու չափ,
Կամ աւելի
Շատ կարելի.
Է՞ր գէթ դուք
Մընայք զուրկ։
— «Ի՞նչպէս,
Աղուէս»։
— Ծօրտ էի ես Հայ Խիկարին,
Որ խելք ունէր գերմարդկային.
Նա ինձ խրատէր
Եւ կը պնդէր,

Թէ ով ուտէ ըղեղ կապկին,
Իսկոյն կ'առնու հանճար կրկին,
Զի մարդակերպ նա լինելով,
Ըղեղն է լի մարդու խելքով։
Լեզու թափեց լեզուանին չար.
— Բերնին մէջը լեզո՞ւ չը կար —.
Համոզուեցաւ Առիւծն ահեղ,
Զարկաւ կերաւ Կապկին ուղեղ.
Հրամայեց ալ, որ Կապկին պէս
Իրեն ըսպաս տանի Աղուէս։
Բայց նոր հասաւ փորձանք գլխին
Աղուէսին,
Զի Առիւծ նոր խելք առնըլէն՝
Երբ նայեցաւ, որ Աղուէսն
Չէր գտներ ծառայութիւն
Կապկին պէս ժիր և արթուն
Եւ անթերի
Մէջ չա՛տ բանի,
Բարկացաւ ճիրան չոկեց
Իսկոյն զարկաւ, զԱղուէս լափեց։

Դ.

Օձ, Մարդ, Աղուէս

Մարդուն մէկ երբ կը մեռնէր,
Տըղուն զայս կը կըտակէր.
«Վայելէ Լաճս, ըսպակս ամէն,
Ըզգուշացիր լոկ սա տըփէն.
Բանալ երբէք դու չը փորձես,
Հոն կայ այս տան թշնամին մեծ»։
Ժամանակ անցաւ, բայց լաճ Վարդան
Շատ կը նեղուէր սատանէն այն՝
—Հետաքրքրութեան։—
Զերկեաւ, բացաւ. բայց ի՞նչ գըտաւ,
—Սեւ մէկ Օձուկ, որ դուրս թըռաւ,
Յարձակեցաւ,
Շշեց ըսաւ.
«Տարիներէ հետէ ի մութ
Դու զիս բանտեր էիր, անգութ,
Ուրեմն սատկէ

Հիմի ինձ » ։
— « Ի՞նչ կ'ըսես ,
Ոչ , ոչ ես » ։
— « Թէ ոչ դուն, գուցէ էր հարդ ,
Կամ քեզ պէս ուրիշ մէկ մարդ » ։
— « Բայց է՞ր հիմա դիս պատժես դու ,
Այս ի՛նչ տեսակ արդարութիւն .
Նախ պէտք է դատել ,
Եւ ապա պատժել » ։
— Լա՛ւ . երթանք , գտնենք արագ
Դատաւոր արդարադատ » ։
Շատ գացին , քիչ գացին ,
Քոսոտ մէկ էշ գտին .
Երբ հարցուցին ,
Զայս լսեցին .
« Սատակէ՛ . մարդուց մէջը ,
Ծօ՛ աղբար , ո՞րն է լաւը .
Նայէ հօլիս , երբ տինձ էի ,
Հող , քար եւայլն ես կը կրէի .
Բայց երբ ընկայ մէջ այս հօլիս ,

Ո՞վ նայեցաւ իմ երեսիս ։
Մէյ մը և հարցնա սա կովին ,
Ի՞նչ է քաշեր ողորմելին .
Կովիկ չըսե՞ս ,
Ոխըդ չառնե՞ս » ։

Դեռ կը խօսէր , յանկարծ Աղուէս
Թըփէն ի դուրս ցատկեց ձայնեց .
« Կեցէ՛ք , այդ դատ ես կըտրեմ .
Օձուկ , կ՚ըսես թէ շատ ժամանակ
Բանտուեր ես
Վատ մարդէս ։

Բայց չըհասնիր խելքըս բընաւ ,
Երկար բարակ այդ հասակաւ
Այդ պզտիկ տըփի մէջ
Ի՞նչպէս դու սխմուեր ես ։
Մինչեւ փորձը չը տեսնըւի ,
Դատըդ կըտրել չէ կարելի
Արդարաբա՛ր .
Իշուկ աղբար ,
Չէ՞ այսպէս .

Ի՞նչ կ՚ըսես »:
— « Ո՞վ ինչ ըսէ.
Այդպէս է »:
Օձն Աղուէսին ճարտար լեզուէն
Եւ իշուկին վկայելէն
Համոզուեցաւ. ի տուփ մըտաւ.
Երբ ոլրեցաւ ու սթրեցաւ,
Մարդուն Աղուէսն
Իսկոյն աչեց.
Մարդն իսկոյն տըփին խուփ
Դըրաւ կըկին, բանտեց զՕձուկ:
Աղուէսուկն ալ սիրտ ըրաւ,
Մարդէն պարգեւ ուզեց մէկ հաւ.
« Դեռ՝ աներես, քի՞չ կը սեպես
Այն թիւ հաւեր, որ գողցած ես
Ատեն ատեն ագարակէս »:
Ըսաւ. բահով ջաղխեց զԱղուէս:

Ե.

Յարդ, Մարագ, Քամի

Արագածէն քամի փչէր,
Հայաստանին սրբէր կ'աւլէր,
Չոր ու թաց խոտ տանէր բերէր,
Հող ու փոշի դիզէր բարդէր.
Դէս դէն ցանէր,
Կրկին հաւքէր:
Հայ աշխարհին լոյսն էր մարել,
Վա՜յ իմ մեղքիս, մութն էր հասել.
Կենդանիներ, ամէն մարդիկ
Ընդ այս ահեղ մեծ փոթորիկ
Կային շատ
Յուսահատ:
Մըրրիկ քամին թեւեր առած՝
Տեղ չէր թողոյր տեղ անվընաս,
Հազար հեղ պտոյտ ըրաւ,
Ոչ երբէք հանդարտեցաւ,

Իէս Աղաւուն Մարագին ալ
Որքան հոխէն շատ ջանաց դալ,
Այնքան Մարագ դէմ կը դնէր,
Վէր Քամիին կը ծիծաղէր.
Ա՛լ ճարն հատաւ,
Բերան բացաւ.
«Դուռդ՝ Մարագ, շուտ բաց ու տես,
Որքան շատ բերեր եմ քեզ
Դէզ յարդի,
Սիրելի»:

— «Ես խմինոյս դոհ եմ, Քամի,
Քո բերածը քեզ թող լինի.
Ինձ ի՛նչ օգուտ քո բերածէն,
Երբ քեզ հարկ է խմիններէն
Նուէլ չուել
Առնուլ քըշել»:

Թէեւ Քամին խօսեցաւ շատ,
Բայց չակինջեց նըմա Մարագ.
Թէեւ դռնակ նա չը բացաւ,
Բայց չը գիտեմ ի՞նչպէս եղաւ,

Հետաքրքիր քանի մը հատ
Յարդեր գտան մէկ երկու ծակ ,
Դուրս ելան ,
Որ տեսնան ,
Թէ ղըրսի յարդք ի՞նչպէս են ,
Բայց Քամին քըշեց մէկէկէն .
Ըրաւ ցիրենք ի՛նչ խաղալիկ
Գիտէ միայն այն Մարաղիկ ։

Ամա՛ն Հայեր , ձեր աչք պաչեմ ,
Ձեր ոտներուն ես հող լիզեմ .
Ինչ փոթորիկ եթէ տեսնէք ,
Հայաստանէն դուրս մի՛ ելնէք .
Հայրենիքէն դուրս մի՛ կարծէք ,
Թէ ապահով տեղ կայ երբէք ։

Ձ.

Կով եւ Հաւեր

Մամիկս առտուն թեփ կը շաղէր,
Գուշուլ Կովին առջեւ դընէր.
Կով իր գլուխ հոն կը խոթէր,
Անուշ անուշ թեփ կը թըխէր:
Միայն հաւերն իր այդ քէյֆին
Երբեմն քիչ շատ խանգար տային.
— Ո՞ր ատեն ո՞վ քէյֆ ըրեր է,
Եւ տրտմութիւն մէկ դիպուածէ
Զերծ եղեր է —:
Յանկուտէին Կովին չորս դին,
Կը կտցէին, կը գողնային
Գուշին մէջէն թեփի փըշոր,
Կը խաղային կարծես խաղ նոր.
Մամս ալ վերէն պատուհանէն
Բըշտ կը ճըւար բարկանալէն.
Կովին ըսես ճարը հատաւ,

Մէկ քիչ գուշէն ետ քաշուեցաւ ,
Որ շունչ առնու խեռ հաւերէն ,
Թողուց նոցա , որ կուշտ ուտեն :

Բայց այն հաւեր ի՞նչ ըրին ,
Երբ ասպարէզն բաց գըտին .
Մէջը մտան կեր կ'ուտէին ,
Աղէ՛կ , ալ ի՞նչ խաղ խաղային ,
Մերկ ոտներով ցատկռտելէն
Գրեթէ բոլոր Թեփեր գուշէն
Դուրս կը ձգէին ,
Կը խելըռէին .

Կոճն ալ տեսաւ , որ իր կեր
Զէան կ'անեն այն հաւեր ,
— Ուտելնին բան մը չէր ,
Թափելնին գէշ բան էր — .
Ուստի սաստիկ կատաղեցաւ ,
Փունգտալով յարձակեցաւ ,
Դէպ ի գուշ խոթեց իր գլուխ
Հաւերու խումբն շուտով փախուց .
Մամս ալ որդին կատաղած կ'իջնէր ,

Որ պատիժ տայ Հաւերուն խեռ .
Հաւեր Կովկըն խիստ հալածուած
Մամէս դէս դէն քշուած քաշուած
Կատարնին կախեցին
Օրն ի բուն քէն ըրին ։

Ե.

Տ ո ւ շ ա ն

Հայ խնամատուն մէկ պարտիզպան
Ցանեց տնկեց ծաղիկ Տուշան .
Փորեց ջրեց , քրտինք թափեց ,
Ոչ ջանք ու խելք մնաւ խնայեց ։
Գոհ և ուրախ եղաւ որքան ,
Երբ Տուշաններն բողբոջեցան .
Ծաղկեցան ,
Փայլեցան ։
Գոյն ըսես նէ՝ Նըմա՛նն ըլլար ,

Հոտ ըսես նէ նըմանը կար .
« Փա՛ռք , մռընչեց , փա՛ռք Արարչին
Որ իմ խելքիս , ջանքիս , խնամքիս
Ի փոխարէն՝ այս Շուշաններ
Պիտի բերեն ինձ մեծ շահեր .
Լոկ ա՛յս ըլլար . իմ ազգ հապա
ինձ շատ ազնի՛ւ պիտի կարդա ,
Որ այսպիսի ծաղիկ Շուշան
Իմին ձեռնէս ազնուացան :
Տանիմ ուրեմն ի գիւղ շուկայ ,
Յոյց տամ ծախեմ , հանեմ իմ շահ » :
Շուտով փնջեր շինեց շտկեց ,
Վազեց հասաւ ձայն արձըկեց .
« Շուշան տեսէք .
Շուշան գնեցէք » :
Հայեր բոլոր ի տես ծաղկանց
Յոյժ արմըցան , զարմացան շատ .
Բոլորեցան մարդուն շուրջը ,
« Փնջիդ , կ'ըսեն , նայինք հեղ մը » .
Կ'առնուն նային կը հոտուըտան

Եւ իրարու փոխ ալ կուտան .
Գովասանք ըսեն իրենց բերնէն
Հեղեղի նման կը թափթըփեն .
Բայց դըրամով գընող եղա՞ւ .
— Հազար մարդէն մէկն ալ չեղաւ .
Այնպէս որ մինչ իրիկուն գրեթէ
Փորձի համար լոկ իբըր թէ
Ձեռնէ ի ձեռ և քըթէ քիթ
Փնչերն եղան իբր խաղալիկ .
Մինչեւ որ ա՛լ գոյն՝ հոտ ամէն
Փախան գրեթէ նոցա վրայէն ։
Մութը կոխեց . և լոյս պայծառ
Աչքացն Հայուն իջաւ խաւար ,
Երբ տեսաւ որ իր Ծաղիկներ
Ունենալով ծխախոտներ
Թօշներ էին , որով և իւր
Ա՛լ ցամքեր էր շահուն աղբիւր ։

———

Այս առակըս ինչո՞ւ մեկնեմ ,
Եւ շատերու սիրտ դող հանեմ .

Մեր մէջ քաղքի այս օրինակ
Չէ հասեր բնաւ ո՞ր հեղինակ ։

Ը.

Երկու Պտուկ եւ Բղբղիկ

Երկու պտուկ ճիշդ դէմ դէմի
Շատ վիճեցան հետ իրարու ․
Մին միւսին սեւերես ,
Միւսն միոյն դուն հապէշ ․
Կ'ըսէին , կը պնդէին ,
Իրարմէ կը գանէին ։
Բղբղիկն էր՝ որ ծծախին
Մօտն էր նստուկ , եւ երկուքին
Կը լսէր խօսքեր , չը դիմացաւ ,
« Երկուսդ էլ դուք , պոռպոռեցաւ ,
Ի՞նչ կը վիճիք , չէ՞ միեւնոյն
Ունիք արդէն մուխոտ սեւ գոյն » ։

Այսանկ սեւսիրտ շատ կան մարդեր,
Որք միեւնոյն թերութիւններ
Թէեւ ունին, բայց իրարու
Ծուռ կը նային որպէս կոյր բու ։

Թ.

Գինով Մրտօ

Էշ բեռան տակ հոգին ելեր,
Հեւքով կ'ելնէր դէպ ի դար վեր.
Ետեւէն էր Մրտօն գինով
Իշուն զարնէր քարով փայտով.
« Սանկ քալէ՛ էշ, քալէ շիտակ,
Քանի՞ հեղ է, որ տամ քեզ դաս.
Ծուռիկ մուռիկ քալքէդ դանդաղ
Ձանձրացեր եմ շատկեկ շատկեկ » ։
Կ'ըսէր. զարնէր, կը հայհոյէր,
Աշխարհ ձայնը երբ բռներ էր,

Յանկարծ վերէն ճիչդ իրեն պէս
Գինովին մէկ նետ փողին մէջ
Իշուն վերայ
Գալով չկենա՞յ .
« Վա՜յ վա՜յ , գոչեց , այս ի՞նչ էշ է .
Ի՞նչ քաշել է , Մրտօ , ա՞յս է
Գովաստանած
Էշըդ ցընդած .
Վայն ի վըրադ ,
Մուրս ի վըրադ » :
— Ամա՛ն ձըգէ , բանըդ գընա ,
Տէրտըս նորէն մի՛ բանար հա .
Չեմ գիտեր ինչ խըմելէն
Գինովցեր է իշօրէն ,
Թէ ոչ իր պէս իշո՞ւկ մը կայ .
Շիտակ շուտով քալող չը կայ ,
Լոյսն ի վըրան ,
Հոգիս ի վըրան » :

———

Մինչդեռ էշն ոչ թէ գինի,
Չէր խմած, այլ և գարի
Չէր կերած, Բաղտասմու
Էշն ալ չէր, որ ի լեզու
Մարդոյ խօսէր
Խայտառակէր ։

Ըսանկ մարդիկ՝ որք էշվարի
Ունին բարք, վարք, մարդավարի
Խօսք ու գործեր չեն ունենար,
Առակս էլ է սոցա համար ։

Ծ.

Խոյր

Օրերն եկան բարկարգութեան.
Հայոց կղերներ գումարեցան,
Որ խնդիր տան Շահին պայծառ
Իրենց գլխի խոյրին համար ։
Ամէն մէկ կղեր խօսք էր առեր,

Սանկ նանկ ձեւով կ'առաջարկէր ·
Բայց խօսք քալեց մէկ ակրտէրին,
Որ կը ճառէր խոյր ի ձեռին.
«Հաստ՝ ծանր՝ անշնորհք գլուխին տեղ
Ահա ձեզ խոյր չքնաղագեղ,
Թեթեւ թափիշ ծածք է խոյրիս.
Կա՞յ ըսելիք չէնք չընորհքիս »:
Հաւանեցա՛ն. շուտ էլ տարին
Սուլթան Մէճիտ մեծ սրքային,
Որ հաւնելով՝ ուրախ եղաւ,
Թէ Հայ կղերին բարիք մ'ըրաւ:
Գլուխնին դըրին. բայց հասկցան
Ոչ անագան, որ նոր խոյրն այն
Իրենց գլխին նոր փորձանք մ'էր.
Բայց ի՛նչ օգուտ, տարուելու էր:

— —

Խոյրը գէշ չէր. բայց փորձանք էր,
Մէյ մը որ շատ սուղ ու թանկ էր.
Մէկ մ'ալ որ քիչ գլխացկուն էր.
Երրորդ որ շուտ կը փնտռուէր,

Անձրեւ՝ արեւ երբ թէ տեսնէր ,
Ուստի կըրել մէկ հովանեակ
Պիտի ըլլար հարկ շարունակ ,
Զանձրութիւն մ'ալ ահա այս էր ,
Թող որ ծախսի դունակ մ'ալ էր .
Չորրորդ այդ խոյր չէր ծալլըւեր ,
Որ ի·հարկին վըրայ պահուէր .
Կամ քիչ հիննար , չէր ալ նորուեր .
Զերկարեմ, ծախս տարին ունէր
Ոսկի ու կէս , որ քիչ բան չէր
Աղքատ ազգի ու թշուառ
Պաշտօնէի մը համար :

Բայց է՞ր տէրտէրն ըրաւ այսպէս .
Գաղտնիքն այդ էր , լուծեմ ես քեզ .
Նախ որ ինք լոկ շինել գիտեր ,
Երկրորդ որ ինքն արտօնուեր էր
Զայն միշտ շինելու
Եւ վաճառելու .
Ըսել է թէ այն տէրտէր
Իր շահն աղէկ էր գիտեր . . . :

Բայց ծաղրելին դեռ կայ ու կայ.
Զի մինչ մարդիկդ են պաշտօնեայ
Բարիկարգութեանն իրենց ազգի,
Դեռ չեն նայած իրենց գըլխի
Բարկարգելի սոյն մէկ իրի:
Բայց լոկ այս չէ, այս եւըս կայ.
Թէ ո՛ր ատեն թըշուառըն Հայ
Գլխուն փորձանք չէ ընդունէր,
Թուրքիոյ մէջ երբ է սկըսուեր
Ուէ ձեռնարկ
Բարենորոգմանց:

Բ. ՏԱՍՆԵԱԿ

Ա.

Ցօղ եւ Գոհար

« Ի՛նչ ցոլք ունիմ,
Գոհարիկ .
Ի՛նչ լոյս ունիմ,
գոհարիկ .
Դուն ի՞նչ ունիս ,
գոհարիկ .
Լոյս՝ գոյն ունի՞ս ,
Գոհարիկ :
Լուսագեղ լոյս լուսնին
Կաթիլն եմ արցունքին (*) ,
Գոհարիկ .

(*) Աւանդութիւն է ի Հայս , թէ
երբ դրախտին մէջ առաջին անգա

Հայ սոխակին անոյշ ձէնիկ
Առաջին հեղ դրախտին մէջին
Գոհարիկ ,
Երբ մարեցաւ ,
Լուսին լացաւ ,
Գոհարիկ ։
Սոխակ լացաւ ու մարեցաւ ,
Երբ իր սիրուն վարդ թօշնեցաւ ,
Գոհարիկ ․
Լուսին տեսաւ , հեծեց լացաւ ,
Երբ իր սիրուն սոխակ մեռաւ ,
Գոհարիկ ։

վարդն է թառամեր , ցայգանուագ սոխակին ձայնն ալ մարեր է , որուն վրայ լուսին եւս արտասուեր է ․ այգուն շաղ ցօղը նոյն արցունքն է եղեր , որ ցարդ կը շարունակուի ի սէր սոխակին վաղամեռիկ լինելոյ առ սէր վարդին ։

Ես ցօղն եմ այն, կեանք այն օրէն
Լուսնի առի սուրբ արտօսրէն
Գոհարիկ.
Իսկ դուն ի՞նչ ես, հո՞ղ ես թէ քար,
Ըսէ՛, ո՞վ ես, ուստի՞ ծընար,
Գոհարիկ։
Զարդահատիմ ի՞նչպէս վըրադ,
Ե՞րբ միացեր ես անփառունակ,
Գոհարիկ.
Պիտի նայիս որ մէկ աստղիկ
Փայլի վառի վերեւ գըլխիդ,
Գոհարիկ,
Որով մէկ քիչ դու և փայլիս
Մութ պապղուն լուսովդ պարծիս,
Գոհարիկ.
Կամ թէ պիտի նայիս որ ես
Վըրադ իջնեմ՝ լուսիկ տամ քեզ,
Գոհարիկ։
Թագ եմ եղեր արեւ պըսակ
Ծաղկին՝ խոտին առհասարակ,
Գոհարիկ.

Ի թարմ տերեւս մարգրտայեա
Մանեակ լուսոյ ես եմ կապեր ,
Գոհարիկ ։

Ո՞վ կ'ողջունէ սուրբ արշալոյս ,
Եթէ ոչ նախ իմ միակ լոյս ,
Գոհարիկ ․

Ո՞վ կ'ողջունէ հիմի արեւ ,
Եթէ ոչ նախ իմ լոյս արեւ ,
Գոհա՛ր
Թըշուառ » ։

—«Ինձ կեանք ու լոյս Տէրն է տուեր ,
Ես զայս գիտեմ , գոհ եմ յաւէտ ․
Գիտեմ և զայս թէ քո ողջոյն
Արեւ չառած՝ նա իսկ իսկոյն
Քո կեանք կ'առնու ,
Ո՛վ Շաղիկ դու » ։
Խօսքը կտրեց արեւն արդէն ,
Որ ծագել էր Մասեաց դիէն ․
Ցօղ արեւէն մահ առաւ ,
Իսկ Գոհարիկ լոյս առաւ … ։

———

Տեառն այս էր կամք, Հայ-Հայրենիք,
Որ ապրի միշտ քո դոհարիկ
Մէջ սրտի
Հայ ազգի՛:

Թ.

Մաղկապ

Շատ տարիներ համառ Խաչիկ
Շատ տատեցաւ, շահեցաւ քիչ.
Յիշեց հարսնուկն, ոսկիք ճարեց,
Ի սէր նորին Մաղկապ շինեց.
Քեհրան կ'երթար, շատ ջոջ ու ճորտ
Համշէրակներ կին ճանբորդ.
Ջոջ Սիկոյին յանձնեց Մաղկապ;
Վկայ ըրաւ ամէն մէկ մարդ.
Լալով ըսաւ. «տարէք հարսիս,
Թող վայելէ ի սէր սրտիս»:

Խոստացան երդուան ,
Ողջագուրեցան ։
Աւանդապահ Կիկոն ջոջիկ
Ճամբան ոսկի երկու հատիկ
Մազկայէն գաղտ կը հանէ ,
Իւր գրպանին մէջ կը դնէ ․
Բայց չի խեր այս գործ պարտըկէ ,
Մազկայ մէկուն յանձնել կ'ուզէ ․
Վկայից առջեւ շատ կ'աղաչէ ,
Որ ա՛լ ջաջուռ Կրպօն պահէ ․
Ո՞վ բան ըսէ , ո՞վ ձիկ հանէ ,
Երբ Կրպօն էլ պատրաստի է ։

Քիչ ատենէն այն Մազկայէն
Երեք հատ էլ սա կը հանէ ․
Ըստ որում գող՝ սիրալը դող է ,
Մազկայ ի ձեռն օր մը կ'ըսէ ․
« Ո՛վ ընկերներս , խօ լըման չէ՞ ․
Խնդրեմ ալ Թող Մրտօն պահէ » ։
— « Լըման է , Թող առնու Մրտօն » ․
Նախ ո՞վ պօսայ ․ — անմեղ Կիկօ՛ն ։

Ահաւասիկ այս օրինակ
Շարունակի գողութիւնդ վատ .
Անանկ որ ալ չը մնար ոսկի ,
Երբ խեղճ հարսնուկն ղայն կ՛ընդունի.
Հաւատարիմ վերջին Հայն էր ,
Երբ ալ վըրան բան չէր մնացեր ։

— —

Հայը Հայուն սերտ մըտերիմ
Ե՞րբ է եղեր հաւատարիմ .
Եթէ լինէր Հայ ազգն հիմակ
Տուն տեղ ունէր , թա՛գ ու պըսակ ։

Գ.

Պոպոկ եւ Փոճոկ

Ընկերն Պոպոկ ի՞նչպէս կ՛ըլլայ ,
Իր Փոճոկէն ի դուրս կ՛խնայ ,
Ծուռ կը նայի
Ու Փոճոկի .

Հազար տեսակ խօսք կ՚արծըկէ ,
Կը մեղադրէ շատ կ՚ապուկէ.
« Վա՜յ իմ գլխոյ , ի՞նչ ըսել է ,
Որ այնքան շատ ամէն հետէ
Բանտուեր մնամ սա Փոճոկի
Ներսի գլին ի մէջ մութի ։

Այժմիկ փառք , փա՜ռք Աստուծոյ ,
Տեսայ լոյս , արեւո՜ւ լոյս .
Երթամ լեռ՝ դաշտ , հովիտ ու ձոր ,
Կեանք վայելեմ, կեա՜նք փառաւոր ։

Մնաս չարով , Փոճոկ դու չոր ,
Անէ՛ծք քեզ , անէ՛ծք խոշոր .
Կըրակ իջնէ թող երկընքէ ,
Այրէ ըզքեզ , մոխիր անէ ,
Որ ինձ պէս մէկ մատղաշ Գոպոկ
Բանտեցիր դու , անգութ Փոճոկ » ։

—«Կեցիր մէկ քիչ , լըսէ , հոգիս .
Մի՛ գուցէ սեւ օրի հանիս .
Ինէ ելեր՝ ինձ ո՞չ հաւնիս .
Ըզքեզ իմ մէջ Տէրն է ղընող ,

Որ երբ ինձ հետ մըտնես ի հող,
Սրտէս յետոյ ծըլիս ծաղկիս
Տառուկ լինիս, փառաւորուիս »։
—Քո չո՞ր սրտէն, վա՜յ ինձ եղո՜ւկ.
Խօսք է զաեր, կը զըրուցէ սուտ.
Երթամ, ջատուկ այդ պառաւու
Ականջ չունիմ միտ դընելու ».

Գըլորեցաւ ի հովիտ.
Շատ եղաւ երջանիկ,
Որ լսկելու դեռ չը հասած
Ագռաւներու եղաւ լաւ ճաշ։

— —

Հայաստանը չոր է Մայեր,
Զի իւր ճուտեր զինքն են թողեր.
Դարձէք որդիք Հայաստանիս,
Մըտէք ի ծոց Հայաստանիս,
Որ չէն մընայ մեր հայրենիք
Շէն ու պայծառ և դուք լինիք։

Դ.

Սխտորդուշ եւ Թակ

Սխտորդուշն էլ օր մը կ'ըսէ.
« Այս ի՞նչ սաստիկ ինձ փորձանք է,
Ինչո՞ւ սա Թակ երբեմն կ'իջնէ,
Դըղըրդալէն գլխս կը տըմէ.
Լոկ այս ըլլա՛ր. հապա այն հո՛տ
Որ կը բուրէ, երբ Թակդ ի կոփ
Կ'ելնէ կ'իջնէ,
Սխտոր ճըզմէ։
Ինչ եմ ըրեր իրեն արդեօք.
Իմ ու իր մէջ ի՞նչ կայ արդեօք.
Փըճանա՛մ,
Թակ հատած »։
Թակն որ քովն էր, երբ զայս լըսեց,
Խոնարհելով պատասխանեց.
« Է՞ր, քուրիկըս, մեղքըս կ'առնես,
Եւ զիս ի զուր կ'անիծանես.

Ըզքեղ թակոյն միթէ ե՞ս եմ,
Չէ՞ ես միայն մէկ գործի եմ
Մարդոյ ձեռքին,
Ի պէտս Նորին:
Հոտն էլ ըսես, ոչ. ինէ չէ.
Հաւատա դու, սխտորէն է »:
— « Աղւոր նայէ,
Սուտին լըսէ.
Ինչո՞ւ գործի դու լինիս,
Որով սպատիժ և ինձ լինիս . . . »:
Դես կը խօսէր մամս Թակն առաւ,
Ի Սխտորգուչն սխտոր դըրաւ,
Շատկեկ ծեծեց,
Գուչն ալ կարծեց
Թէ Թակէն կը ծեծուի
Եւ հոտով կը պըշկի:

———

Առակս գրեցի այն ժամանակ
Երբ խեւ Խէչօն իր ոտքին տակ
Այն քար փոքրիկ կը թընթռկէր

Որ գլխաւածով գըմսին զարկեր
Արիւներ էր ·
Ասանկ գործեր
Շատ կը լինին , երբ չը նայուի
Խիստ լրջօրէն բուն պատճառի ։

Ե.

Կատուն ի ղուրպեր

« Կատուն ելաւ աղպարը ,
Մկներն իջան ամբարը ·
Կատուն ելաւ երդիքը ,
Մկներ բռնեցին պարը » ։
Ըզգոյն Խիկար կը զըրուցէր ,
Զայս առակիկ և կը պատմէր ·
« Մընայք բարով տուն ու երդիք ,
Ողջամբ կացջի՛ք դուռ դըրացիք ·
Ն՛երթամ ղուրղէն գտնել չահեր ,

Դառնամ բերեմ ոսկւոյ բեռներ ·
Կարին մտնեմ, պալատներ ճոխ
Մտնեմ ելնեմ անարտադող·
Մկներ տեսնեմ գիրուկ խոշոր ,
Թաթով ճանկեմ, թխեմ յիմ փոր ·
Գեղջուկ մկներ ես որսալէ ,
Ձանձրացած եմ շատոնց հետէ ․
Սա քաղքըցի գէր մկներուն
Առնում մէյ մը համը սիրուն » ։

Զայս խօսեցաւ ,
Ու մեկնեցաւ ։

Մկներն ըսեն որ Կատուին
Լեզուէն աղէկ հասկանային ,
Երբ հեռացաւ ի մէջ Նոյն տան
Ազատութեան գըրին ձայքան ։

Ու որմէ՞ն վախ քաշէին
Այս փոքրիկ գողեր առտնին ,
Որ մուկին մտքէն կ՚անցնէր
Թէ օր մը նա գուցէ ելնէր
Յերեւան
Մէջ Նոյն տան ։

Ժամանակ անցաւ, կատուն յանկարծ
Ո՞վ գիտէ ինչ բանէ սախրուած,
Չը դառնա՞յ,
Ի՞նչ տեսնայ. —
Մուկեր դէս դէն սլոր են բռնած.
Խակոյն կուտոյ մեծ կտորած,
Գող ըլլալով՝ որ Ղուրպէթին
Մէջ չը գտածը, մէջ իր տունին
Գիրաւ
Գտաւ ։

Ա՛հ, սոյն բաղդի և արժանի
Լինէր և իմ տո՛ւնն հայրենի ։

Ձ.

Էշն ի հարսանիս

Էշն Առիւծէն երբ ձէնեցաւ
Ի հարսանիս, ա՛լ պարծեցաւ.
« Երթամ լինել ձայնովս փողհար,

Ուրախ զուարթ առնում և տար .
Կենդանիներ վատ նախանձէ
Տկուին ճաթին, այդ էլ հո՞գս է »:
Բայց երբ հասաւ մօտ պալատան,
Իր գալստեանն իբր ի նշան
Զըկեց զըրկոց,
Հանեց դղրդոց:
Իր բարապանն Աղուէս փողեց,
Այսօրինակ շնորհաւորեց .
« Բարի եկար,
Իշուկ աղբար .
Ես ի դիմաց մեծ արքայիս
Քեզ կը ծօնեմ շնորհակալիս,
Բայց հարսնիքիս՝ ինչպէս գիտես,
Փայտերու պէտք կայ յաւելապէս .
Երթայիր ի այն անտառ,
Բերէիր կամկար կամկար,
Փայտ ու ցախ
Չոր ու թաց »:
—Ի՞նչ կ՚ըսես դուն, պառաւկանոյն,
Քոր՝ փայտ կրելն ի՞նչ եղեր է .

Օրիկ մ՚օրանց չնչին չառի ,
Ես այս աւուր երնէկ տուի ,
Չի գիտէի ես ինձ այս օր
Հանգըստեանս օր , ո՛ր փառաւոր » :
—« Հրաման է այս արքայական ,
Փառք ըսես նէ այս է միայն .
Թագաւորի լինել փայտակիր
Չէ՞ միթէ քեզ պատիւ ընտիր » :
Էշն ինչ ընէր , մըռելու էր ,
Փայտ ու ցախեր կըրելու էր .
Բաղդին հազար անէծք կարդաց ,
Վէր խելքին էլ շատ ափսոսաց :

Ժ.

Ծոլոկ կամ Քելքել (Հնդկահաւ)

Ծոլոկն օր մը կը կոկոռնար ,
Մաղ ու փետուր , գլխին կատար
Ցցած տնկած
Կը նայէր շատ :

Կոկոռող շուրջ Աքլորի
Հազար հեղ ման, ժուռ էր գալի.
Կը չէքէր,
Հարց կ'անէր.
«Է ի՞նչ կ'ըսես իմ փայլ տեսքի,
Չեմ աղուորիկ պէս դշխոյի»:
—«Խորոտ տեսքիդ խօ՞սք միթէ կայ,
Նըմանն ըսես կայ ու չը կայ.
Մարգրտայեւ հիւլիւնից հոյլ
Ճիտէդ են կախ շար բոյլ ի բոյլ.
Ոսկի թագիկ ի քոյդ կատար
Փայլ է տուեր ի գեղ սպայծառ.
Գունեղ փետուրքդ հորցանես դու,
Շող լոյս կաթեն, լո՛յս արեւու.
Հապա օղերդ յակինթ կլոր
Կարծես գոհարք են լուսաւոր.
Աչերդ աչեր են պէս աստղի,
Ընքուիներդ էլ մահի՛կ լուսնի.
Ա՛լ ի՞նչ խօսիմ, Աստուած գիտէ՝
Չես տարբերիր սիրամարգէ.

Միայն աւա՛ղ, լեզուս չերթար
Յառաջ՝ գրուցելս, ինչո՞ւ համար
Քու այդ տոտիկ
Ըլլան մերկիկ.
Որքան տեսքիդ տըգեղութիւն
Բերե՛ն դոքա, կը տեսնե՞ս դուն.
Ո՞ր չունենաս ոսկեծաղիկ
Թաւ փետրաւոր սոլեր փոքրիկ,
Ի ծածկոյթ
Տոտերուդ) :
Լուեց Աքլոր. ձոլոկ ծռեցաւ,
Իրիկնեց վար, ճիւեր տեսաւ.
Մըռութ կախեց,
Ախեր հանեց.
Տրտում տըխուր խիպ ամօթէն
Իր բուն իսկ դիրք առաւ նորէն:

Ես ո՞ւր դտնեմ այս ձոլոկս
Համեստ հարսնուկ խոյնոտ աղջիկ.

Միայն մէջ մեր հայանոյին
Այղպիականե՛ր թող փնտռուին . . . :

Ը.

Հուրի

Այր ու կին յոյժ միամիտ
Կ'ապրէին լռիկ մընջիկ.
Հացով ջըրով էին շատ գոհ,
Բընաւ երբէք չէին դժգոհ.
Ադամ՝ Եւա կարծես էին
Սիրով լեցուն ի մէջ դրախտին :

Բայց ո՞ր տուն չար սատանայ
Ո՞ր տուն չէ մտեր, և տակնուվրայ
Չէ ըրեր զայն
Ի սուգ մարդկան,
Զարին գործի մէկ կին պառաւ
Այր մարդուն գաղտ օր մը բռաւ.

«Այս խմ հաւկիթ տամ քեզ, հոգի,
Մինչէն պիտի ելնէ Հուրի.
Գաղտուկ պահէ, ըզգոյշ կինեդ
Պատրաստ կաց դու, որ հաւնի քեզ»:

Մարդուկն հաւտաց, ա՛լ կ'ըսպասէր.
Հոգին սրտէն էլ կը քաղուէր.
Քունն աչերէն, գ'ոյնն ալ դէմքէն
Փախեր էին Հուրույն խաբրէն.
Հազար տեսակ անդուր քընէր
Երեսն ի վեր, մազեր չտկէր.
Հազար անգամ հարցուէր կասուէր,
Բանը գործը ա՛լ թողեր էր,
Որ երբ չքնաղ Հուրին ելնէ,
Իրեն հաւնի, զինքը սիրէ:

Կին մարդուկն էլ զարմացած էր,
Թէ է՞ր Էրիկն այսչափ փոխուեր,
Ինչէ՞ն իրմէն այսքան պաղեր,
Նախնի սիրոյն ա՛լ չէր մնացեր.
Կասկածեցա՛ւ. թէ մի գուցէ
Ուրիշ մէկ կին սատանի սիրէ,

Խոժոռեցաւ. վէճը բրդաւ.
Տուն տեղ ամբողջ դըղըրդեցաւ:
Շատեր եղան խրատարար,
Բայց ունայն ջանք, չեղաւ հընար.
Ո՞վ կըլսէր, թէ մէկ հաւկիթ
Եղեր է լոկ պատճառ աւիթ·
Սաստիկ այնքան
Ատելութեան:
Բանը շատ ուշ իմացուեցաւ,
Երբ ա՛լ բանը բանէն անցաւ.
Տուն տեղ էին ա՛լ քայքայուեր
Քար վ՛ր քարի ա՛լ չէր մնացեր:

Թ.

Պոլոշիկ եւ Հաւկիթ

Զորս գլէն քամի հովեր
Մէջ ի դաշտ փչէր պատէր.
Սիւն ամպեղէն թէ լուսեղէն
Դէպ վեր ելնէր դաշտին միջէն.

Քօլշիկն էր, որ կը սրբէր
Գետնէն փոշի, խիճ ու խոտեր.
Ալ ո՞րն յիշեմ, զի՞նչ չէր հաւքեր
Եւ չէր հաներ յերկինս ի վեր :
  Հայ սիրտերն էլ տես են ելեր,
Թէ ո՛ւ վիշտայն տարուի դարմեր,
Որ չը մնայ ի հայանոց,
Լոյս չը մարէ աղջկանց Հայոց (*) :
  Մէջ Քօլօշկին Հաւկիթ մ'էլ կար,
Որ կը խաղար, դէս դէն կ'երթար.
Ամէներուն մօտ բարձրացած էր,
Բիթը տնկեց նայեցաւ վեր.
Գառնզացաւ, « ո՞ւր հասայ ես ».
Ըսաւ. վա՛յ ինձ, խօսք էլ նետեց
                Արծուին, որ թռչէր
                Իրմէն քիչ մը վեր :
  « Զայնըդ կըտրէ՛, գոռաց Արծիւ,
Սմնեղուկ դու, երեսդ Թիւ.

(*) Աւանդութիւն է ի Հայաստան :

Նայիմ գլխե՞ս, էլի ո՞րչափ
Այգըր կը մնայ դու չարունակ »։
Իրաւ անդէն եւ Փողոչիկ
Սկըսաւ ցնդիլ, որ ալ հովին
Չէր փչեր. Ձիւն վար կ՚իյնէր,
Կը թնկանէ՛ր ։

— —

Երբ ուժդ բուն խոկ լոկ քենէ չէ,
Ըզգուշացիր պարծենալէ :

Ծ.

Աստուած փ՞տռող մարդը

Կար ու չը կար, կար Հայ Տիգրան,
Դժգոհ բաղդէն, տատոչ բերան.
« Ի՞նչ ըսել է, որ չար փորձանք
Գլխէս լինին միշտ անպակաս.
Ոսկի տանում, հող կը կտրի,
Հող տանում՝ քար, վա՜յ իմ գլխի,

Սա իմ Աստուած երթամ գտնեմ,
Տէրտէր բանամ, մէկ ճար լըսեմ»։
Ըսաւ Տիգրան, ու սարն ի վեր
Բայց ոտնըլով դիմէր վազէր,
Կարծէր թէ Տէրն է սարն ի վեր.
—Ո՞ր խեւն այսպէս միշտ չէ կարծեր—։
Կէս ճամբան կը հանդիպի
Մէկ տրտում տըխուր մարդի,
Որ զայս հարցում կ'անէր իրեն
Թէ «ո՞ւր կ'երթայ մամմալէն»։
—«Մի՛ հարցաներ, տէրտէրս համար
Կ'երթամ առ Տէր, լըսել մէկ ճար»։
—«Աւրեմն իմս ալ Տեառն ըսէիր,
Ինձ մէկ խաղիկ դու բերէիր»։
—«Քուկդ ի՞նչ է, ծառա՞յ ես»։
—«Քիչ մը վեր ել»։ —«Աղա՞ ես»։
—«Նորէն վեր ել»։ —«Փաշա՞ ես»։
—«Քիչ մ'ալ վեր։ —«Թագւո՞ր ես»։
—«Աստուծուն մը»։ —Ըտէրտէրդ ի՞նչ է։
— «Լաւէ, այս է.

Մէրոֆ կայ, ո՛հ, մէջ իմ սրտի,
Ինչո՞վ արդեօք կը փարատուի »։

Տիգրան գընաց. քիչ շատ քալեց;
Զայս մէկ ծառէ յանկարծ լըսեց.
« Իմ տերեւներս, ինչո՞ւ համար
Դեղին են միշտ, ո՛վ մարդ աղբար.
Է՞ր արդեօք ո՛չ, չեն կանաչիր,
Իմանայիր լուր բերէիր,
Տէրտիկս ինձ փարատէիր »։

Տիգրան ասչած՝ հեռացաւ.
Մարին ծայրին մօտ անտառ
Մէկ գայլ, որ իւր սաղէն կ'ասէր,
« Ինծ և լըսէ կ'ուտեմ մսեր,
Տէրտ ու ցէլա չունիմ երբէք.
Միայն Մէրոֆ է ինձ չատկեկ
Թէ ինչո՞ւ մորթիս մազեր
Չեն անկըսիր շիտակ դէպ վեր »։

Տիգրան զարմացումէն
Զայս խօսք հծծեց մտքէն.
« Ուրեմն չը կա՞յ մէկ արարած,

Որ չունենայ տէրտ քիչ ու շատ »:
Սարին էն ծայրն ապա հասաւ ,
Խոնջէն հովուտ տեղ մի քնացաւ.
Տէր մեղքըցաւ , խելք տուաւ շատ.
Տիգրան զարթեաւ նոր շնորհք առած :
Երբ սարէն վար իջաւ ,
Մէրտֆւորին պատահեցաւ.
«Դուն այր մարդ չես , այլ այս երկրին
Դու ես ծպտեալ կոյս թագուհին.
Կարգուիլ կ'ուզես , բայց ո՞ւմ հաւնիս ,
Ոլոր նըլոր քըլթին նայիս
Աչքին՝ դէմքին , և կը դնես
Միշտ [illegible] , Ճերմէ կ'անես.
Ընտրէ դու զըք , հաւնէ՛ սրտի ,
Տես թէ ի՞նչպէս Ճերմէդ կ'անցնի »:
—«Քենէ աղւորն ո՞ւր գտնեմ ես ,
Խելքով քեզ պէսն ո՞ւր գտնեմ ես.
Ա՛ռ գլխ քեզ կին , վայելէ շատ
Հարստութիւնս , պատի՛ւս ու թագ»:
—«Բանըդ ղըմա , հողս էր հատեր ,

Ո՞ւր չը կան ինձ մեծ սուլթաններ․
Խելքովս Խիկար, դէմքովս Արայ,
Ինձ սիրանոյշ ո՞վ տի չըլլայ » ։
Մերժեց կոյսը․ վազեց հասաւ,
« Դու կը կանչես, ծառին ըսաւ,
Թէ՛ արմիդ քով ձգուած խաչէն
Հանող ըլլայ․ նորա ժանիքն
Քո տերեւներ դեղնոտեր են » ։
—« Հանէ՛ ուրեմն, չալկէ ու տար,
Հարսատայիր, խելօք աղբար » ։
—« Հոգս էր հատեր, ինձ Խիկար,
Տուշէր Նուշէր գա՞նձ կը պակսի » ։
Թողուց գանձը եւ հեռացաւ․
Բայց երբ գայլին պատահեցաւ,
Քիչ մը նստաւ, պարծենալով
Նըմա պատմեց թէ, ի՞նչ յուսով
Գանձն ու դշխոյն անգամ թողեր՝
Հեռացեր էր․ « գա՛յլ, և կ'ըսէր,
Թու սեւ մազերդ սիրտի անկունին
Եթէ մարդոց էն մէկ խեւին

Դու հանգի՛ստ ու բըզըքտես ,
Խոստովանանք է , կը լըսե՞ս » ։
— « Նա՛ , սակայն քենէ շատ
Ո՞ւր գտնեմ խեւակ մարդ » ։
Ըսաւ ջոյլուկ , խիղճն ըսպան .
Բայց իւր մաղեր նոյն պես մընան ։

Տէր ո՞ր մարդոյ խելք չէ տըւեր ,
Բայց գործածել զայն ո՞վ գիտցեր
Ու երջանիկ ե՞րբ չէ եղեր ։

Գ. ՏԱՍՆԵԱԿ

—— ——

Ա.

Հայոց Սիրտ

« Ոտներդ երկաթ տըրեխ հագած,
Աջ ձեռնդ երկաթ գաւազան առած,
Գլխիկդ ի կախ տրտմած տխրած,
Ո՞ւր դու արդեօք կը գնաս կ'երթաս»:
— «Մի՛ հարցաներ,
Ցաւս մի՛ նորեր»:

« Քրջեր հագած աղքատի պէս,
Մախաղ շալկեր պապուկի պէս,
Ճամբայ առեր թռչունի պէս,
Է՞ր թափառիս ղարիպի պէս»:
— «Մի՛ հարցաներ,
Ցաւս մի՛ նորեր»:

« Վըրադ նայիմ, հոգիս քաղուի,
Տակնուվըրայ սրտիկս լինի.

Դուն Հայ մի ես , իմ աղբարուկ ,
Ըսէ , լըսեմ ես քո ցաւուկ » :

— « Մի՛ հարցըներ ,
Ցաւս մի՛ նորէր » :

« Ի՞նչ , միթէ ո՞չ , Արեւն Հայոց
Ծո՞ւռ նայեցաւ քեզ ի՛լ արդեօք .
Եւ կը քշուիս դու տարագիր
Թողլով Հայոց անոյշ երկիր » :

— « Մի՛ հարցըներ ,
Ցաւս մի՛ նորէր » :

« Դո՞ւն ես միթէ այն հէք հայրիկ ,
Աւա՛ղ եղո՞ւկ , որոյ աղջիկ
Անէծք առաւ Արեգակէն
Պատիժ սաստիկ առաւ անդէն » (*) :

(*) Արեւն ու լուսին և աստղեր պաշտելի և յարգելի էին երբեմն ի Հայս , այն յարգանքը ցարդ իսկ կը շարունակուի առաւել կամ նուազ նախապաշարմամբք , որոց հետ և ու-րիշ նախապաշարութիւնները հաւաքա-

— «Մի՛ հարցաներ,
Ցաւս մի՛ նորեր»։

«Կենդանի նա ի գիշերի,
Մեռեալ և նա ի ցերեկի.
Զի Արեւ մար երբ կը մտնէր,
Աւել կ'ածէր, աղբ դուրս թափէր»։

— «Մի՛ պայդ յիշեր,
Ցաւս մի՛ նորեր»։

ծոյքը տես ի ՆԱԽԱՊԱՇԱՐՄՈՒՆՔ
գիրս Ստեփաննոսի Նազարեանց
տպեալ ի Տփխիս։ Շատ տեղ արեւ
մար մտնելէն յետոյ՝ մերայինք բան
ու գործ կը թողուն, ոչ կար կը կա-
րեն և ոչ կ'աւլեն եւայլն։

Կը պատմուի թէ աղջիկ մը յան-
դգներ է արեւուն մար մտած ատեն
աւլել ու աղբ դուրս թափել, խոյ
արեւէն անիծուելով՝ հիւանդացեր
մեռեր է, բայց ցերեկը մեռեալ

«Կեցի՛ր մէկ քի՛չ, գամ ես հետ քեզ,
Ես էլ Հայ եմ, Հայ ճիչդ քեզ պէս.
Քո և աղջիկ իմ է աղջիկ,
Երթա՛մք գտնել Հայ Արեւին»։
— «Մ՛ըլլար ընկեր,
Ցաւս մի՛ նորեր»։
«Կ՛երթաս ուրեմն, այդպէս մէնիկ,

գիշերը կենդանի է եղեր. այս աղջկան հայրը երկաթ տրեխ հագնելով և գաւազան առած արեւուն դէպ ի բնակարանը ճամբայ կ՛ելնէ, որ արեւը գտնելով և նորա լուացուած ջրէն առնելով՝ աղջիկը լուայ և ազատէ սպառժէն։ Նա դեռ կ՛երթայ ու կ՛երթայ։ Տխո՛ւր առասպելական վէպ, զոր կարծես խորագնին հանճար մի ազգային դարաւոր մշտակիր վիճակէն առնելով հնարած է, իբրեւ պատկեր ազգային դառնագին կենաց։

Տամ քեզ ուրեմն միակ խրատիկ ·
Մասեաց ի սար երբ դու ելնես ,
Հոն մէկ անդունդ պիտի գտնես » :
— « Ջիս մի՛ նեղեր ,
Ցաւս մի՛ նորեր » :

« Հոն կայ Հայոց մէկ դարաւոր
Շղթայակապ քաջ թագաւոր ·
Հայոց Արեւ նորա ճակատ
Պիտի տեսնես հանգիստ առած » :
— « Ջայդ մի՛ յիշեր ,
Ցաւս մի՛ նորեր » :
« Շըներ չոյէ , չղթայք քակէ ·
« Ես Արեւուդ մեռնիմ » , ըսէ ·
Թէ՛ իմ աղջիկ թող ա՛լ մրկուի ,
— Հայաստա՛նըս թող ազատուի » :
Ես էլ կ'երթամ յարեւմուտս կոյս
Հոն ողջունել Հայոց այն լոյս ,
Ցետի՛ն այն լոյս պլպլացող ,
Առնում բերեմ Հայոց ի հող » :
Ըսաւ լըռեց · վշտաչարչար

Երկու Հայերն սիրով զիրար
Լալով լալով գըրկեցին ,
Յաջողութիւն մաղթեցին :

Բայց ե՞րբ պիտի լսուի այս ձայն ,
Ես արեւուդ՝ Մայր-Հայաստան ,
Ըլլա՛մ ղուրբան :

Ք.

Դարձեալ Հայոց Արեւ.

Հայոց աշխարհին Արեւն էր ծագել ,
Հայոց աշխարհիկ Արեւն էր սիրել .
Սիրել էր սիրել , հոգին էր կպչել ,
Հայոց աշխարհին լոյսն ո՞վ չէր սիրել .
Տատիկ , պապիկ , հաւիկ , մամիկ ,
Էրիկ , կընիկ , մանչիկ , աղջիկ
Արեւուն են նայել ,
Լուսով են վառուել :
Հով հով լեռներ , զով զով ձորեր ,
Կանաչ մարգեր , դուրան դաշտեր ·

Լոյս են տուեր
Ու զարդարուեր ։
Լոյս աղբիւրներ, պաղպաջ վտակներ
Դնդեղ ալեօք գետ ու լճեր
Արեւուն լուսոյն
Եղեր են հայելի ։
Այծ ու մաքի , արջառ՝ ձիան ,
Գառնուկ՝ ոչխար սահին սուրան ;
Որեւուն
Տան ողջոյն ։
Հայաստան-Մայր երկիցս պագնէ ,
Ի հող կքած՝ երկիցս կրկնէ .
« Քեզ՝ Արեւուկ , շնորհաւոր ,
Ես մեղաւոր , դուն թագաւոր .
Լուսիկդ աչքիս
Սիրով ուրախ » ։
Այսպէս էր որ , օ՛րն արեւուն ,
Լի էր ի խինդ սրտիկն Հայուն .
Արեւն էլ սիրեց Հայոց աշխարհիկ ,
Սիրեց ու գգուեց Հայոց սուրբ հողիկ .
Գէթ մէկ վայրկեան , մինչեւ մէկ օրիկ

Հանգ. չունեցաւ, չառաւ ընչիկ.
Շրջան բրաւ, հասաւ իր ծիր
Ա՛լ թռչկեր էր, ո՛ւր ժամն էր իր
Սրագարար
Մտնել ի մար.

Դշխոյ լուսնին աչեր սպադնել,
Գրկել գգուել, լո՛յս ողողել,
Լոյս և սպա գիշերն ի բուն
Լուսնով սփռել ի սիրտ Հայուն՞։
— Եւ ամենո՛ւն — ։

Ձայն մը հասաւ իր ականջին,
Աւաղ, ձայնն էր, ձա՛յն Հայ կուսին.
«Ո՛չ, ի՞նչ կ'ըլլար,
Սրբեւ աղօթառ,
Որ կարկաճիս կար ըմըննար,
Սպա և դու մոռնէիր մար.
Քի՞չ է կարծ ահա,
Մէկ քիչ ալընալնա»։

— Անէծք աչքիդ և սրտիդ չար,
Չի չես անեններ, չես էլ գնթար,

Եւ հանգստեանս ժամըս գողնաս,
Մինչ ես ի՛նչպէս կամ խոնջ թաշկած.
Քարարձան դառնաս
Կարկահիդ առաջ » ։
Լռեց Արեւ, մարը մըտաւ.
Հայ աղջկանն էլ լոյսը մարաւ.
Նա քար դարձաւ,
Արձանացա՛ւ ։

— —

Աստուած չընէ, որ քո լուսին
Իսպառ մարի Հայ-Հայրենիք.
Անձ՝ գործ բոլոր կը զոհեմք մեք,
Թող քո արեւ չը մարի Բէք ։
Անիծեալ նա, որ ոչ յուզուի,
Երբ լուսինկըդ կը նուաղի.
Ով իր գործին, չահուն նայի,
Նա քար է, քա՛ր, ո՛չ Հայ որդի ։

Գ.

Ապակի եւ Գոհար

Յոժ գոյնզգոյն մէկ Ապակի
Լոյս էր ձըգեր հիանալի,
Արեգակին ճառագայթէն
Հազար տեսակ գոյն առնըլէն:
Պարծեցաւ իւր դըրացի
Մէկ փոքրիկ Գոհարի.
«Մեղքըս կուգայ վըրադ՝ քուրիկ,
Լոյս՝ գոյն ունիս միայն մէկիկ.
Նայէ մէկ հեղ,
Ի՜նչ լուսագեղ
Գոյներ ունիմ,
Ակրեցեալք իմ:
Կարմիր՝ դեղին՝ կապոյտ՝ ծաւի,
Ո՞ր մէկն ըսեմ, համրեմ հիմի:
Արեւն ի՞նչ է, սա արեգա՜կ,
Որ վրաս ծագել, ինձ նեղէ չափ.

Ինձ տալ կուտայ ու տաղնալ
Ճառագայթումն սաստիկ հրակաթ .
Արեւ գըլխուդ
Իջնէ սեւ մութ » ։

Չը դիմացաւ Գոհարն հեզուկ
Սարամիին խօսքին այն փուճ .
« Է՞ր նետես քար , դու Սալահի ,
Դէմ քո արեւ–բարերարի .
Հազար տեսակ գոյներդ ալւոր
Որ ծըղեր ես չորս դիդ բոլոր ,
Են այդ արեւէ
Ոչ թէ լոկ քենէ .
Մարդոյ համար ըզքեզ չըներ ,
Յոժ գունազեղ է զարդարեր .
Բայց չէր կարող լոյս և տալ քեզ ,
Որ չորս կողմըդ ցոլացունես .
Իսկ զքեզ Աստուած է ըստեղծեր ,
Լոյս եւ իմէն ես եմ տուեր » ։

— —

Զը կա՞ն միթէ իմաստակներ ,
Որք կը ծաղրեն այն արեւներ ,
Որոց արդէն լոյսն են առեր ։

Գ.

Ման եւ կար

« Ես չեմ գիտեր , ինչէ՞ն այս Ման
Երկար բարակ կայ իմ վըրան .
Փըտուկս ինձ մէկ բանտ է ըրեր ,
Լոյս արեւէն զիս է զրկեր .
Տարուելիք էլ բեռի՛կ ըլլար ,
Համ ու հոտ էլ գէ՛թ ունենար .
Ինչ է նէ ,
Բանն այս է ,
Որ սա պատիժ ըլլայ գլխիս .
Ո՞վ ի մէջ սոս տառընւորիս
Ասանկ պատմէ
Զուրկ մնացեր է :

Մարգըրիտն էլ բանտ, կ՚ըսեն, իրեն,
Ունի եղեր անպէտ ոստրէն,
Ըսել է թէ Աստուած վերէն
Գէշ կը վարուի անզգթօրէն
Նոցա դէմ խիկ, որք ազնիւ են »:
Շատ խօսեցաւ, քիչ խօսեցաւ,
Մինչեւ Մանին տաղը հատաւ.
« Ներէ ինձ, թէ ըսեմ քեզ,
Թէ դու ինձ ծընող մայր ես.
Նեղսրտելով քանի եփիս,
Քանի եռաս մէջ բղեկիս,
Այնքան ես կը գիրանամ,
Առաւել կը հաստանամ.
Թէեւ այսպէս կ՚ըլլամ քեզ բեռ,
Սակայն մարդկան պատուական սէր»:

Ե.

Էշ հպարտ

« Ջորին հաճի չը լինիր ,
Թէ հազար հեղ երթայ Մէքքէն ·
Էշը տէվէճի չը լինիր ,
Թէ հազար ջուր կըրէ Պէտտէն » ·
Ջայս երբ տէվէճի կը քարոզէր ,
Այս առակն էլ կցէր պատմէր ։
Ժամանակին մէկ թագաւոր
Ունէր նշխուն մէկ էշ խոշոր ,
Որ յիւր կըռնակ ոսկի համետ
Ունէր կեանքիկ երջանկաւէտ ։
Բայց չը գիտեմ, պատճառն ի՞նչ էր ,
Որ էշն օր մը սապէս կ՚ըսէր ·
« Ի կենդանիս կայ ու չը կայ ,
Ո՞վ էշէն զատ թագւորցու կայ ·
Աստուած անգամ էշը ընտրեց ,
Երբ մարդուն հետ խօսիլ ուզեց ·

Արդ՝ երբ տէրս է արքայ մարդկանց,
Է՞ր ես բոլոր չեմ կենդանեաց
Թագաւոր
Փառաւոր »։

Հպարտացա՛ւ. ճամբայ ելաւ,
Մարգաստան մը յետոյ հասաւ.
Ուր ճարակեց շատ խոտ դալար,
Կուշտ ու կուռիկ հոն կը սիգայր։
Սարին ծայրէն որակն Աղուէս
Տեսաւ Էշը, քաջիկ դիտեց.
Կռահեց թէ սա անխորձ է էշ
Շուտ խորհեցաւ հնարք մը դէշ։

Գնաց ըսել Գայլուն. «ընկեր,
Մարգին մէջ կայ Իշուկ մի գէր.
Դարանակալ դուն հոս կեցիր,
Երբ նշան տամ, շուտով հասիր։
Յետոյ եկաւ,
Իշուն ըսաւ.
« Սարին վերայ ընկեր Թշուառ
Ունիմ հիւանդ, գիտե՞ս մէկ ճար »։

— «Թագաւորաց արքունեաց մէջ
Շատ վարժեցայ գիտութեանց մէջ.
Ոչ թէ խելօք եմ ես Խիկար,
Այլ և բժիշկ գիտուն ճարտար»:
Խօսեցաւ,
Պարծեցաւ:

— «Ել ուրեմն, երթանք, ով այր,
Հոն բոլոր կենդանիներ
Ոչ բժշկի, այլ արքայի՛
Փառօք շքեղ պատուեն պիտի»:
— «Եղբայր Աղուէս,
Ճիշդն ըսե՞մ քեզ,
Արքայաշուք փառս ստանալ
Ես փութացի աստանօր գալ»:
Ասաց,
Գընաց:

Ու՛ր և հասաւ չը հասաւ,
Ուրախ չորս դին նայեցաւ.
Խելքին եկաւ թէ իրաւ որ
Թագաւոր է արժանաւոր:

Ուստի անդէն բերկրութենէն
Մկրտաւ գըռալ ճիշդ ինչօրէն ։
Իսկոյն Աղուէս
Խնդաց ժըլեց ·
« Ջըռա գըռա, Էշ տէր արքայ,
Եւ կենդանեաց քարոզ կարդա ·
Թէ երբ լինի տէր թագաւոր
Էշն անճոռնի խելացընոր,
Ո՞ւր կը հասնի եղուկ աւա՜ղ,
Նոցա վիճակ, կեանքն ու կենցաղ » ։

Բարկացաւ էշն, բայց ի՞նչ օգուտ ·
Գըլխուն հասաւ փորձանքը շուտ,
Զի Գայլ թմփէն ելնելով
Փարատեց գէշ մութով ։

Իսկ Աղուէսուկն սարին վերայ
Կանգնած ճառէր այսպէս ահա ·
« Գիտութեան մէջ, յիմար, թէ դու
Շատ վարժ էիր կամ փորձառու,
Զը յիշեցիր է՞ր այն առած,
Որ մէկ ճէճէշ քեզ նըմանեաց

Համար կ՚ըսէր,
Կը հաստատէր.
«Զօրին հածի չը լինիր,
Թէ հազար հեղ երթայ Մէքքէն.
Էշը փէհլէվան չը լինիր,
Թէ հազար ջուր կըրէ Բէքքէն»:

Ջ.

Պտուկ եւ Խալկին

Տանիքն էին
Պտուկն ու խալկին,
Իրարու հետ կը ժըղջէին.
«Ի՞նչ կայ, Պըտուկ, որ այդ մարդիկ
Խըռնըւեր են ծովուն մօտիկ.
Ինչ ձայն է այս թընդանօթի,
Որ ծովէն խօ յաճախ լսուի:
Բան մ՚ալ հիմա, գէշ չը լինիր,
Երբ ես ընեմ. դուն էլ տեսնիր,

Թէ, խընդալէն չե՞ս մը ճամթիր .
Ի՞նչ կ՚ըսես » :
— « Դուն գիտես .
Միայն այս կայ, որ երբ մարդիկ
Յապուշ հրէափից կան գոռ ձայնիդ,
Ալ ի՞նչ կարես, ի՞նչ իրք անել,
Նոյսայն և ուշ տու քեզ դրաւել » :
— « Դեռ դու իմ, վա՜յ քե՛զ ապուշ
Չե՞ս գիտեր ահագին ուժ .
Նայէ,
Խըպլնէ » :

Ըսաւ . յանկարծ վար գլորեցաւ,
Շուկայն ամբողջ թունդ թունդ ելաւ
Ահագին դուռ դըղորդ հանեց,
Աշխարհ դէպ ձայն վազեց խուժեց :
Շալկեցին շուտ խոշոր Խալիլն,
Անկիւն տեղ մը տարին դըրին .
Խուռն էր խուժան
Հանդիսական :
Պզտուկ վերէն երբ պայս տեսաւ,

Նախանձին չը դիմացաւ.
« Ես էլ ուրեմն ընեմ մի փորձ,
Աշխարհի տամ մի դղրդոց » ։
Վար ցատկեց. բայց ի՞նչ եղաւ.
Ձայն հանեց, բայց մըրեցաւ
Հազարումէկ կըտոր եղաւ ։

Ե.

Մրջիւններ եւ Ցօ

Տուչտեմ, աղէրս, է՛ր Մրջիւններ
Ամէն կին դացեր տուներ.
Բայց նա չէ ընգուներ,
Ուտոփ և Մրջիւններ
Ոխ կը պահեն,
Զոր կը լուծեն,
Երբ Ցօ՛ փրշուռ սեղէ կ՚անցնի,
Մորթ զըկրթուի, կը բերթուի.

Մրջիւններ կը տեսնեն,
Դէպ վրան կը խուժեն,
Կը կրծեն,
Կը խածնեն։
Օձ կը սողայ, շատ կը կատղի,
Գետնէն գետին կը տապլտկի.
Բայց եղուկ, ի՛նչպէս պրծի,
Վերջապէս կը սատակի։

— —

Տըկարին մի՛ դըպչիր,
Կամ ծուռ ծուռ մի՛ նայիր.
Զի ամէն հէք տըկար
Զէնք ունի իր համար,
Որով դէպքն երբ օգնէ,
Իր վրէժ կը հանէ։

Ը.

Կապիկ արքայ

Աւանդ պատմի ի Հայաստան,
Թէ մէջ դաշտին Արարատեան,
Կենդանիներ ժողովեցան,
Եւ համախառն խորհուրդ նստան,
Տալ պատերազմ դէմ Առիւծուն
Մերժել նորա իշխանութիւն։
Ուստի սկսան խորհիլ յառա՛ջ,
Թէ ո՞վ ըլնեն զօրապետ քաջ.
Շատ խորհեցան, բայց վերջապէս
Խեռ Կապիկին խօսքը քալեց,
Քանզի օգնեց սատանան չար
Տալով նըմա լեզու ճարտար։
Մեծ դաւազան սա ի ձեռին
Եւ թագ շըքեղ վերայ գըլխին
Ուղտու վերայ նստած բազմած՝
Երեւեցաւ մէջ կենդանեաց.

Ճռընչական էին անհամար
Որոտագոչ եղաւ փողհար ,
Իսկ Կըրկան ծով դանդաղկոտ
Արագավազ ձիր առաջնորդ ։

Յետոյ ապա խումբ կողմէյին ,
Աւխծուն յորջ երբ վառեցին ,
Արիութեամբ ահեղական
Աւխծն արքին հալածական ։

Բայց չէր անցած երկու ժամ դեռ
Երբ մեծ աղմուկ սկըսուեր էր ,
— Հարկաւ առանկ մխալ ըլլար ,
Երբ Կայծիկ մ'էր ակեր կառավար —

Իսկ երբ Աւխծն պնդա կը տեսնէ ,
Հոյ Խիկարին առածս կ'առնէ .
« Տիլորն բարձըր սարն ելաւ ,
Սարին անուն խաղք արաւ .
Մեր աքաղաղն պէկ եղաւ ,
Պէկն անուն խաղք արաւ » ։

Իսկոյն ժանիք ըրկեց շաչեց ,
Մըռընչելով դռաց փողեց .

Նոցա խումբն ու գումար.
Փախուց լեղապատար :

Թ.

Գայլ, Արջ, Աքլոր

Գէլն ու Արջ, Աքլորն՝ Աղուէս
Ընկեր եղան իրարու հետ.
Քիչ տարեցան,
Շատ տարեցան.
Սէր լուսն մէր փայլեցին,
Երբ կուշտ ու կուռ էր փորերնին :
Օր մը յանկարծ լսաւ Աղուէս.
« Հարկ ու պէտք է, որ բռնենք դէ»,
Մրցինք դէմ դէմ Խիկարի պէս :
Մեր անուանը լոկ Նայելով՝
Մե՛ր ինչ ըլլալն տեսնենք շուտով.
« Ես Աղուէս եմ, աղեկակէրպայ
Ճուշտակն եմ, իմաստուն էրայ

Մուշտակն եմ, դուն ի՞նչ ես,
Արջ աղբար, տէ չասե՞ս »:
— « Ե՞ս, ես Արջ եմ,
Ոսկի փարչ եմ »:
— « Գէլ, դուն ի՞նչ ես,
Չը զրուցե՞ս »:
— « Ես էլ Գէլ եմ,
Ոսկի կօտէլ եմ »:
— « Մեռնիմ ես կատարիդ,
Դուն ի՞նչ ես Աքլորիկ »:
— « Ես էլ Աքլոր եմ,
Ոսկի պէլէր եմ »:
« Գըլո՛ր · ուրեմն, կրկնեց Աղուէս,
Համով ուտեստ մեզ յարմար ես ·
Զի աքլորէն ի՞նչ կայ անոյշ
Ի՞նչ կայ չարոց այնքան քնքոյշ »:
Ըսաւ չըսաւ՝ նըշան ըրաւ,
Աքլորն խեղճն փարատեցաւ :

Բայց Գայլն ու Արջ այս դասն ուսանի՝
Աւեր էին. հարկաւ վարպետ
Աղուէսուկէն, զի Խրիկարի
Այս առածին Թէ նայինք մէք,
Չէին այնքան
Մեծ գիտնական:
« Ինչ լինի, ի՛նչ լինելի.
Ի՛նչ խորընդատ (*), ի՛նչ իր ծաղիկ »:
Բայց բարեկամ, դու մի՛ կարծեր,
Թէ Աքլոր այլոր մըրմընջեր էր,
Այլ ճիշդ զինէր, բայց այն Աղուէս

(*) Երկու կանգնաչափ դեղնագոյն անհոտ ծաղիկ մ'է, որոյ տերեւոտ ճիւղերը տաշեղի նման կը գործածուին վառելիքի դիւրութեան համար, որ բռնկելով չըմ ու բըթ ձայներ ու կայծեր կ'արձկէ. բուն խոլ մարմինն էլ իբրեւ փայտ վառարանի մէջ ի հարկին կը գործածուի:

Տարբեր խնամաւ, կեղծեց մեկնեց,
Հարկաւ մորին
Նայէր ձայնին ։

Ծ.

Խուեղամ եւ Սամէլ

« Կըրակ կայ, հաւէ՛ք հաւէ՛ք·
Կըրակ կայ, բոց նայեցէք·
Ի՞նչ կեցեր էք, եկէ՛ք եկէ՛ք·
Կըրակ կայ նա՛, կայծեր առէ՛ք·
Հանէք շուտով, արտ ու այգի,
Լեռ դաշտ ու մարգ այրի բռնկի՛ »։
Լորիկ Սամէլ ձայն արձըկէր,
Երեկոյին աշխարհ խռովէր,
Գիժ ին ի ձեռն լուցկի ընկեր,
Որով կըրակ շուտով արուեր,
Խանդաա ծաղկին թըռչոց փչաս,

Վառելով նէ չոր խիլ ու խոտ.
Վազէր ի գիւղ, ձայնէ սրտոյ.
«Հասէ՛ք հասէ՛ք, բոց կըլլա՛կ կոյ»:
Գիւղ գիւղականք յանտառ նային,
Ի տես կրակին՝ բոցին տաքին.
Կուժ ու սափոր ջըրով լընուն,
Ահուդողով փութան իսկոյն:
Բայց զարմանքնին եղաւ ո՛րքան,
Երբ քանի մօտ եկան հասան,
Տեսան բոտոյդ, որ հրդեհն այն
Խոընդատի էր, ոչ խակական.
Ծիծաղելի՞ն թէ խըղճելին
Վէր խաբուսիկ սոյն այս գեղջքին,
Թէ ծեծելի՞ն խոշա Սամէլ,
Որ այսպէս գիւղն դող էր հանել.
Թէեւ փախել էր նա արդէն,
Ծիծաղելով գեղջկաց վըրէն:

Դ. ՏԱՍՆԵԱԿ

Ա.

Առիւծ հպարտ

Երբ Կասլին կը բիւէր ,
Դաշտին մէջ կը հրճուէր .
Յանկարծ տեսաւ մէկ Առիւծ գէր ,
Որ յոյժ կատղած դէպ ինք վազէր ,
Սարսեցաւ ,
Դողացաւ ։
Ազատութեան մէկ ճար թէեւ
Շատ խորհեցաւ , շա՛տ արդարեւ ,
Բայց վերջապէս զոյս լոկ տեսաւ
Միջոց յարմար , զոր գործ դրաւ ։
Առաւ մէկ դափ , վազեց յառաջ ,
« Յաւիտեան կաց , Թագաւոր քաջ » .
Ըսաւ չըսաւ՝
Խոնարհեցաւ .

— « Կայծիկ տկլոր, դու ո՞վ լինիս,
Որ համարձակ այդպէս խօսիս
Իմ առաջի,
Ջարաճըճի »:

— «Դափահար եմ, ով տէր արքայ,
Ձեզ պատրաստ եմ ըլլալ ծառայ,
Ինչպէս երբեմն պապուդ արի
Ըզգոյն պաշտօն վարած էի »:
Կեղծաւորին շողոմ խօսքէն
Սափոծ գլխու հասցութենէն.
— « Այսուհետեւ և ինձ կարկ դափ,
Խաղա առջեւս ազատ արձակ »:
Կայծիկ ցատկէր,
Խաղայր դափէր:

Այսպէս զուարթ օրեր անցան,
Կեանք վարեցին մտերմական.
Բայց չըգիտեմ, ի՞նչ պատճառաւ
Կայծիկն օր մը զայս խօսեցաւ.
« Ապուշ ու խեւ պիտի լինիմ,
Թէ այժմէն խիկ ես չըխորհիմ.

Ո՞վ չը գիտէ , թէ օրին մին
Երբ չը գտնէ որս որկորին ,
Պիտի չանէ այս գազան չար
Իմ գէր մարմին պատառ պատառ » ։
Այսպէս կ'ասէր ,
Զայր կը խորհէր ·
Եւ գործ դըրաւ ,
Զոր խորհեցաւ ։

Երբ օրին մէկ հասան մէկ սար ,
Ուր շատ խորունկ ձորակ մ'ալ կար ·
Կատուիկն անգէն
Խընդութենէն
Կը մռմըռէր ,
Պար կը դառնէր ·
— « Ինչո՞ւ այդպէս , ով դու կատուիկ ,
Կ'ասէր Առիւծն , ցնծաս սաստիկ » ։
— « Ո՛վ , ես ի՞նչպէս չուրախանամ ,
Երբ կը յիշեմ , որ միանգամ
Քո արի սպային ատամի անդին
Յանկարծակի ցատկեց դիւրին » ։

Խաբեբային այս սուտ խօսքէն
Առիւծուն խելք գընաց գըլխէն,
Քանզի սոցա ոեւ ամենայն
Ամբարտաւան ի բնէ կ'ըլլան.
— « Ապուշ, միթէ կարող չե՞մ ես,
Աստի ցատկել քաջ պատալիս այս.
Ուժըս տեսիր
Ու զարմացիր »։
Ասաց, ցատկեց. բայց սարէն վար
Ինկաւ սատկաւ խիստ չարաչար։

Յ.

Աղուէս եւ Կապիկ

Քան զԱղուէսն սատանայ
Կենդանեաց մէջ ո՞վ կայ,
Այս առակ երբ լսեցի,
Զարմանքէս սառած մնացի.

Վերջապէս Կապկին մին՝
Որ դըրացի էր Աղուէսին ,
Ըրաւ չըրաւ
Օր մը գողցաւ ,
Ինչ որ նա գաղտըկեկ
Էր պահած որջին մէջ ։

Ի՜նչ աղուորիկ այս առակին
Յարմար կուգայ այս խօսք ռամկին .
« Գողը գողէն գողացաւ ,
Աստուած տեսաւ զարմացաւ » ։

Բայց տեսէք , Աղուէսն անոր
Ինչ փարպետ խաղաց խաղ նոր ։
Երբ կողոպտուած գըտաւ որջը ,
Իսկոյն կուահեց խորամանկը ,
Թէ դրացին է իր տան գողը ,
Ուստի գընաց ,
Կապկին ասաց .
« Շատ հաւեր եմ ես խըղդած ,
Գեղին մօտ եմ գաղտ պահած ,
Հիմակ երթամ մէկիկ մէկիկ

Բերել տուր , քաւորս Կապիկ ,
Բայց կը խորհիմ ,
Հաւատարիմ
Ո՞վ պահապան դընեմ որջիս » ։
— « Ջիս » ։

Եթէ այդպէս . ինէ , եղբայր ,
Անունս պիտի բաժին հասար » ։
Երբ Աղուէս մեկնեցաւ ,
Կապիկ զայս խօսեցաւ .
« Իրաւ չա՛տ լաւ
Միտքըս ընկաւ .
Եթէ Աղուէսն հիմիկ դառնայ
Ու իր որջը պարապ գըտնայ ,
Իր համարումն ո՞չ ապաքէն
Պիտի վերնայ իմ վերայէն .
Այս յայտնի է ,
Ո՞վ չը գիտէ .
Ուրեմն երթամ , բերեմ հիմա
Ինչ որ երէկ որջէն գողցայ ,
Որով վաղը ըլլայ դիւրին

Գոյնով ամէնն ի միասին .
Թող երթայ չար գողն ինէ
Իւր պատիժն այսպէս գըտնէ » :
Ըսաւ ,
Ըրաւ .
Յայնժամ Աղուէս որ պահուըտած՝
Կծկած դիակէր , ցատկեց առաջ .
« Հաւատարիմ
Ո՛վ քաւորդ իմ ,
Գացի տեսայ , որ շուներ
Կերած էին ըզհաւէր ,
Պարապ դարձայ ,
Ելայ եկայ .
Բայց , խեղճոցի
Իմ գըրոցի ,
Բան մը ըսե՞մ ես քեզ ,
Մըտիկ պիտի անե՞ս ,
Ով որ թողլով այսօրուանը
Կ'ելնէ հողով փաղուանը ,
Նա անպատճառ
Մէկն է յիմար » :

Գ.

Խորհրդատու Բու

Թռչուններն ամենայն
Օրին մէկ ժողվեցան ,
Որ Արծիւ արքային
Յայժ փափուկ անկողին
Շուտ շինեն ,
Ընծայեն :
Հոն սեւուկ Բուն լեղու թափեց ,
Բոլոր ուժովը սկսեց ծըլլեց .
« Ո՛վ աղբրտանք , ի՞նչ կը մտածէք ,
Դիւրին կերպ կայ , ի գործ դըրէք .
Ձընձուղներուն փետուրներով
Կը շինուի լաւ փափուկ կերպով » .
Թռչուններն միաբերան
Ցընծութեամբ վերուցին ձայն .
« Լաւ կ'ըլլայ ,
Թող ըլլայ » .

Բայց եղբայր , մէջ ժողովին
Ծընծուղներ բնաւ չը կայի՞ն .
— Կանչելու մոռցեր էին .
Թէեւ կանչած էլ ըլլային ,
Միթէ նոցա տի լըսէի՞ն —:
Վըճռեցին . բայց նպատակնին
Լոկ շահն էր իրենց փորին ,
Զի փետուրներ երբ տանէին ,
Նոցա միսն էլ իրենց բաժին
Պիտի մընար , ուստի Բուին
Խորհուրդ սիրով ընդունեցին :

Դ.

Մոծակ

Թէեւ տըկարն երբեմն իրմէ
Զօրաւորին դիւր կը յաղթէ ,
Բայց այս պէտք է կամ տալ դէպքին
Կամ տըկարին խելքին՝ հնարքին .

Ուստի անմիտ երբ ոչխար մի
Վէր ուժեղին կը յարձակի ,
Կը պատժուի :
Այս առակ բացայայտ է ,
Կարդացող , ժամանակ է ,
Որ լըսես ,
Խրատ առնես :

— —

Ինչպէս կ'ըլլայ Մոծակն օր մը
Կը գըտնէ մէկ բաց պըրքուկ մը ,
Ուր կը կարդայ թէ մէկ Մոծակ
Առիւծուն է դիւրաւ յաղթած .
« Այդ էլ Ջէյէր կ'ըլլայ եղեր ,
Որչա՛փ ապուշ ես եմ եղեր ,
Որ սա Ցուլը ցարդ չեմ սպաներ :
Անիծեա՛լ Ցուլ ,
Թող չես տար դուն ;
Որ մէկ սուտ բան գոնէ ծըծեմ ,
Ու փորիկըս կըշտացունեմ .
Կամ երբ տեսնեմ մէկը պառկած՝

Իսկոյն կ'երթամ, դեռ չը ծընած՝
Մէկ պըտիկ
Արունիկ,

Յանկարծ հա՛ֆ հա՛ֆ կը պոռաս,
Արագիլ մարդուն ձայն կը տաս.
Նոյն կէտին ի՞նչ անեմ,
Սարսափած կը խուսեմ.
Որ մարդէն չը բըռնըւիմ,
Ձըմըռելով չը սատակիմ։

Ահա ինձ ժամ է,
Որ գամ քու հողէս։
Ըսաւ, թըռաւ. կնճիթ մըներ,
Տան քիթն ակնոց՝ ճակատ կըճէր.
Կը տըպտըպար,
Կ'երթար կը գար.
«Մէկ մ'ալ, երկու ըլլայ.
Մէկ մ'ալ, երեք ըլլայ.
Խերն անիծեմ,
Հոգին հանեմ»։
Ճուռնն ըսես կատաղած էր,

Վեր՝ վար, հոս՝ հոն կը ցատկռտէր,
Կը տապլըտկէր, կը թոթուըռւէր,
Բայց Մոծակէն չէր ազատուէր:

Բայց վերջապէս
Ցընիկն յաղթեց.
Երբ վեր ցատկեց բերան բացած,
Բռնեց ճըլմեց զայն խեղճ Մոծակ:

Թ.

Գ ա յ լ ե ր

Գայլեր խմբովին
Ման գալու էին.
Ուխտ էլ ունէին,
Որ սիրով ապրին.
Բայց շատ օր դեռ չէր անցած,
Երբ Աղուէսն գալով ասաց.
« Դրացի գայլեր, աչուընիդ լոյս,

Օ՛ն տուէք ուժ , տուէք և լոյս ·
Կերակուր կայ ձեզ պատրաստի ,
Զոր հիմակ ձեզ ցոյց տամ պիտի ։
Վեր սարին կայ խոշոր մէկ այծ ,
Հիմակ տեսայ դեռ նոր սատկած ·
Ես չըկրցի բերել զայն վար ,
Զի մարմնովս եմ փոքր ու տըկար ·
Բայց զի չըկայ տեղ կայնելու
Մինչեւ իսկ դայլի երկու ,
Ուստի ձենէ թող մէկն ելնէ ,
Քաշկռտելով՝ վար թող գլորէ » ։
Գայլերն արդեօք այն Աղուէսին
Խօսք մը ըսի՞ն · — Ամենեւի՛ն —.
Բայց ի՞նչ ըրին , լո՞ւռ էլ մնացին ·
— Վէճի կռուի բռնուեր էին ։
« Բարեկամ, կ՚երթամ ես » ,
— « Ուժով չես , արդար էլ չես » ։
— « Ես արդար եմ , ուժեղ եմ ես » ։
— « Ի՛նչ , արդա՛ր · գող աւազակ ես » ։
Գիտե՞ս , եղբայր , է՞ր այսպէս

Կը վիճէին սաստկապէս ·
— Չի մըսակեր բոլորն էին
Ուստի միմեանց վնասան չէին :
Սակայն վէճին վերջն ի՞նչ եղաւ ·
— Արիւնահեղ կռիւ մ՚եղաւ ·
Մեղքը վըզին
Աղուէսին :

— —

Սէր ու միութիւն շուտ կը քայուի,
Երբ շահն առանձին մարսել ուզուի :

Ջ.

Ճնճուղներ

Ճընճուղներ ժողով ըրին
Զո՞վ պահապան գիշերային
Կարգել դընել իրենց խըմբին ·
Սա ու նա ընտրեցին ,
Բայց վճռել չը կըցին :

Հոն վերջապէս ին խնդացին
Երկար բարակ ճառեց այսպէս.
« Շատ թռչուններ դուք ընտրեցիք,
Բայց ոչ մէկը ընդունեցիք.
Առարկեցիք ծոյլ են, քնոտ են,
Փիչակեր են, սանկ ու նանկ են.
Բայց թռչնոց մէջ մէկ հատ մը կայ,
Փիչերն ի բուն միշտ արթուն կայ,
Գիտէ՞ք, ո՞վ է,
Ըսե՞մ. — Բուն է:

Մեռնիմ ես իր աչքին,
Որ մինչեւ լոյս մութին
Սուր կը տեսնէ, և թոյլ ոչ տայ,
Որ թռչնամին ի մեր բուն գայ:
Ձայն ունի, կը պոռայ.
« Թռչնամի հասաւ հա՛.
Օ՛ն ելէք, շուտ արթնցէք,
Ձեր զըլխուն ճար նայեցէք »:
Գիտէք էլ, որ մեր ցեղի
Չէ այնքան շատ թռչնամի,

Երբ անօթի թէ իսկ ըլլայ ,
Արդեր մըկներ ուտել կըրնայ ·
Բուէն ի զատ , աչքը կուրնայ ,
Պաշապանցու իսկի չը կայ » ։
Ճնճուղներ միաբերան
Հոն իսկոյն վերուցին ձայն ·
« Թող նա
Ըլլայ » ։
Աստի Բուին
Լուր խըրկեցին ,
Որ երբ լըսեց ,
Պատասխանեց ·
« Գըլխուս վերայ·
Սակայն այս կայ ,
Որ ճընճղիկներ պէտք է որ գան ,
Բունիս մօտի ծառոց վըրան
Մինչ չարունակ թառին մընան ։
Ճընճղուկք գալով թառեցան ։
Բայց մեր Բուն
Քաջարթուն

Ի՞նչպէս, գիտէ՞ք, ի՞նչ կերպով հօն
Կը կատարէր իր այս պաշտօն.
— Արթնութեա՛մբ,
Ժրութեա՛մբ.
Չի իր բանն էր՝ այս էր գործն էր,
Ձրնձուղները մէկ մէկ խըղդել,
Ուտել,
Ըսել.
« Ո՞վ ձրի հայս
Պահնորդ կ'ըլլայ »։

Ե.

Քարոզ

Վարդապետ մը կը քարոզէր,
Հազար տեսակ ձայն կը ձըգէր.
Սուրբ-Գիրք մեկնէր կը բացատրէր,
Հայր Աբրահամն գովաբանէր.
« Հայեր, կ'ասէր, Հայր Աբրահամ

Որ չը խնայեց զաւակն անգամ
Իւր Արարչին ,
— Մեռնի՛մ հաւատքին — .
Երբ ասաց Տէր. «Աբրահա՛մ»,
Այս միջոցին մարդ մ'Աբրահամ
Որ ներկայ էր ,
Բայց կը մրափէր ,
Վարդապետին խոշոր ձայնէն
Ընթափելով պոռաց անդէն.
«Համմէ՛, ի՞նչ կայ».
— Կարծեր էր սա ,
Թէ յանուանէ
Կոչուողն ինքն է — :
Ահագին «ա՛հ ա՛հ» ձայներ
Հանեցին ունկնդիրներ.
Վարդապետն ալ զարմացումէն
Ա՛լ ի՞նչ խօսէր ,
Եւ ի՞նչ ընէր.
Առաւ քալեց ժամատէն :

Ը.

Ոսկեգործ բեռնակիր

Շատ ժամանակ չէ, որ մէկ մարդ
Անխռով սրտիւ, խղճիւ հանդարտ,
Առտու իրկուն աղօթք կ'անէր,
Եւ սուրբի պէս ճըգնէր ապրէր.
Սա խիստ շատ ժիր
Էր բեռնակիր,
Հաւատարիմ և էր ծառայ
Վաճառական մարդոյ մի Հայ.
Բայց երբ օր մի
Ոսկիով լի
Յանուն տիրոջն պարկ կը բերէր,
Ճամբան ինքնին զայս կը խորհէր.
Ոսկիներս մե՛ծ գումար
Շատ խակ են իմ համար.
Ուստի իմ տէրս այսօր խղճեմ,
Ոսկիքս առնում, փախչիլ ճեպեմ»:

Ըսաւ,
Ըրաւ.
Նըստաւ ի նաւ,
Շուտով փախաւ:

Բայց Աստուծոյ արդարութիւն
Հասաւ ի գլուխ այն չար մարդուն.
Վաճառականին ունէր որդեակ,
Որ երբ մեծցաւ, բացաւ մեծ դատ.
Ոճրագործը փնտռեց գըտաւ,
Բարձր հրամանաւ բերել տըւաւ.
Բայց մարդասպանին չարաճըճի
Դատաւորաց և առաջի
Ուրացաւ,
Խօսեցաւ.

« Ես ոչ իսկ պարկ ոսկւոյ գիտեմ,
Վաճառական ոչ կը ճանչեմ,
Իսկ բեռնակիր եղա՛ծ ըլլամ,
Ընդ այդ արդէն յոյժ զարմանամ» :
Երդում կ՚անէր
Կը հաստատէր:

Իսկ թէ ծանօթ, վըկայ գանէր,
Շուտ կաշառօք յիւր կողմ կորզէր.
— Կրծօնն ինչե՛ր ե՞րբ չէ ըրեր —։
Ա՛լ դատին աչքն յուսահատցաւ,
Սոսկացաւ ալ, երբոր տեսաւ,
Որ մարդն այն վատ դատարանէն
Կ'ելնէր կ'երթար անմեղօրէն.
Բայց շուտ զարմանքն ո՞րքան եղաւ,
Երբ դատաւորն ալ կանգնեցաւ,
Սանդխին ծայրէն որոտացեալ՝
Երկիցս գոռաց. «Համա՛լ, Համա՛լ»:

Անչափ մարդոց միջէն միայն,
Ո՛վ զարմանացս, չարագործն այն
Յետս դարձաւ,
Նայեցա՛ւ.

Իսկ դատաւորն գոռաց կրկին.
«Դարձի՛ր, ե՛կ հոս, դեւ ժանտային,
Թէ համալ չէիր եղած,
Ի՞նչպէս դու ձայնէս լըսուած՝
Ետիդ դարձար,

Ոճրագործ չար »։
Բեռնակիրն այն դեղնոտեցաւ,
Ամօթահար պապանձեցաւ.
Ա՛հ ի՞նչ ընէր, հոն վերջապէս
Իր չարութեան ոճիրն յայտնեց։

Թ.

Բօշին տղէն եւ ժամացոյց

Լիլլի վարպետն առաւ իր ճորտ
Բօշայի մը Տըղէկը որբ.
Տուն ու քաղաք ամէնն ըսին.
« Շատ մեծ բան է թէ Բօշային
Տըղէն լինի
Աշկերտ Հայի։
Կեցցէ Լիլլին, օրհնէք զըլխին,
Լուսաւորիչն Լորիկ ցեղին »։
Հայ վարպետն Բօշի Տըղուն
Պատուիրեց, որ ձայն ու ձուն

Ջր հանելով հանել չտալով,
Այրի իւր հետ չէնքով շնորհքով:
 Նոյն գիշերը քուն չէր տաներ,
Քանի Բօշան ներսէն լըսէր
Թըք թըք ձայն մը. սիրտ նեղացաւ,
Լիլլին խուց իսկոյն մըտաւ,
 Լիլլին քուն էր.
 Ժամացոյցն էր,
Որ պատէն կախ՝ հանէր ձէնիկ.
Կամաց կամաց կ'երթայ մօտիկ.
«Լըսէ, կ'ասէ, սուս լեր, սուսի՛կ,
Թէ ոչ՝ լամուկ, հանեմ հոգիդ»:
 Շատ կ'սպառնայ, շատ կ'աղաչէ,
Հազար անգամ փըֆըէ, սաստէ.
Բայց լըսողն ո՞վ, մըռողն ո՞վ է:
 Այլ եւս Բօշան չը հանդուրժէր,
Քար մը առնլով ճիշդ պատն ի վեր
 Ուժով նետէ,
 Ժամացոյցն է,
Որ կը կոտրի, փշրած կ'իյնայ.

Էլլին էլ քնէն դողով կ'ելնայ.
Ի՞նչ անէ.
— Տէֆ կ'անէ։
Թէեւ մէկ քիչ կը մնար խմլով
Մանաւանդ իր ծանօթից քով.
Թող զրկուիլը մոռնացուցէն,
Որ չէր սրտին քիչ ցաւ արդէն։

Թ.

Արեւ եւ Լուսին

Արեւն էր ծըռել, խոնր էր թրել.
Հայոց աշխարհին հաց էր պատրաստել
Իրեն մօտ նաժ լիշտ լոյս աստղերն էին,
Այլուր էն մաղել, ջուր բերել էին։
Հայոցն աշխարհից սովել էր սովել,
Երգում մի հացի կարօտ էր մնացել.
Ծնգեր ու ծիւրեր էին լոյս դէմքեր,

Դողդոջեր չին մատղաշ լոյս ծնկեր ․
Մութն էր իջել պայծառ աչքին
Վա՜յ իմ մեղքիս , Հայաստանի՜ն ։

Ո՞վ լոյս ու կեանք տալու էր Հայուն
Թէ ոչ միայն Արեւուկն Հայուն ․
Արեւուկն Հայոց Աստուծոյ տուեր
Ալիւր ամբարչն , տնակն էր բերեր ,
Աստղերն ամէն հետ Արեւուն
Տըքնին ճըգնին սիրով անհուն ․
Անհուն սիրով Հայաստանին
Ժամ կորուսել չը կամէին ։

— Ղուրպան ըլլամ ես ձեր լուսին ,
Պայծառ աստղեր , Հայոց երկնին — ։

Լուսինն էր ո՛հ , որ ճիշդ այն ատեն
Ոչ յուզուէր կարծես այն տեսարանէն ․
Եկեր էր եկեր , տըքնել կը կեղծէր ,
Բայց այս հարցումն էլ Արեւուն կ՚անէր ․
Աստղերու առջեւ պատւոյն կը դպչէր ,
Միտքը գուցէ ո՛հ , վըճիկ բանալ էր ․
«Դու ցերեկն Արեւ , թէեւ լոյս տըւող ,

Բայց քեզ նայողին աչքն ես խտղտող.
Իսկ գիշերին ես լոյս եմ տալի ,
Ինձ նայողին համբոյր եմ տալի » :
—«Վա՜յ անհոգ լիդ, որ ասանկ ատեն
Ինչե՛ր խորհիս , խօսիս փառօրէն .
Մեռանում է Հայոց աշխարհիկ ,
Դու զայն թողեր, շաղփաղփես այժմիկ.
Ծանր է քեզ մեղքդ , արեւուս աչք
Թող ծանրանայ այժմէն վըրադ ,
Նըշան մեղքիդ.
Անգութ Լուսնիդ. » :
Լըռեց Արեւ . և ապտակեց
Խմրոստ ձեռնով Լուսնի երես.
Այն բըծիկներն , որ մընան դեռ ,
—Ինչպէս կ'ասեն մեր պառաւներ—(*),
Լուսնին վըրէն ,
Խմորէն են :

— —

(*) Աւանդութիւն ի Հայաստան :

Ձեր Հայ հարսներ, մեռնիմ աչքին՝
Որ կը նային Հայաստանի՛ն ․
Այժմ սովել է Մայր-Հայաստան,
Ձեր աչքին լոյս է բաւական,
Կեանք տալու դժբաղդ Մայրիս,
— Հայաստանի՛ս — ։

Ե. ՏԱՍՆԵԱԿ

Ա.

Աղուէս պաճեցող

Աղուէսին մէկ շատ անօթի
Օր մը տեսաւ մէջ թակարդի
Քիչ շատ խոշոր
Պանրի կտոր .
Աչքը տընկած շեշտ կը նայէր ,
Ախ քաշելով թըքեր կլլէր .
Բայց ի՞նչ ընէր ,
Քանի գիտէր ,
Որ թէ պանիր իր դունչ դըպչէր ,
Մէջ թակարդին պիտի ընկնէր .
Երբ կը մտածէր , տեսաւ մէկ Գայլ ,
Որ հեւալէն խիստ շուտաքայլ

Իր մօտ կը գար ,
« Ա՛ սանամար ,
Պանրի կըտոր փոսիս մէջ կար ,
Հօս օրն ի բուն լոկ քո համար
Մինակ նըստած պահեցի ես ,
Որ պաս ուտես ուզածիդ պէս ։
Շխտակն ըսեմ, որ կ'ուտէի ,
Եթէ ուխտած չը լինէի
Ուրբաթ օրեր պահել ծոմ պահք ·
Վա՜յ ինձ այսօր օրս է ուրբաթ ,
Դու էլ ինչպէս ,
Գայլուկ , գիտես ։
Ուտի օ՛ն այժմ, սանամարիկ ,
Նստէ ու կեր դու զայդ պանրիկ ·
Ի սըրտէս
Մաղթեմ քեզ ,
Աստուած վըկայ ,
Անուշ ըլլայ » ։
Կեղծ ու պատիր այս խօսքերէն
Գայլը խաբուած՝ ցատկեց անդէն .

Ընկաւ չընկաւ
Կաշկանդուեցաւ ։
Իսկ թէ պանիրն ըսես թըռա՛ւ ,
Թակարդէն դուրս տեղ մը ընկաւ .
Աղուէս վազեց ,
Կերաւ լափեց .
Իսկ ծուղակէն Գայլը անոր
Կ՚ասէր . « Աղուէս, պահք չէ՞ այսօր » ։
— « Հոգ չէ , Գայլուկ , հերիք է որ
Իմ տեղ պահես դու պահք այսօր .
Ու լաւ կ՚անես
Թէ աղօթես ,
Որ Աղուէսիս
Մեղաւորիս
Աստուած տայ որսեր առատ ,
Թէեւ օրն ըլլայ ուրբաթ ։

(Աշը–խաֆէր)

Ժ.

Աղուէս եւ Ագռաւ.

Աշխարհ գիտէ թէ Աղուէսներ
Գործ կը դընեն շատ հընարներ,
Որ դիւր կերպով որսեր գըտնեն,
Հանգըստօրէն նըստին ուտեն.
Սոյա հնարից մէկը պատմեմ,
Որուն վերոյ զարմացած եմ։
Սովորութիւն Աղուէսք ունին,
Որ անօթի երբ կը լինին,
Իբըր սատկած ի մէջ դաշտին
Լեզունին դուրս ձըգած պառկին.
Գէթ որպէս զի բերնով միայն
Թռչունս որսալ կարող ըլլան,
Երբ կարծելով թէ սատկեր են,
Վար իջնելով կըտցեն ուտեն։

Երբ պառկած էր մէկ չար Աղուէս
Տոտիկներին Ագռաւ բռնեց·
Պիտի ուտէր թէ Ագռաւին
Ձայն ողորմուկ հեծեծագին
Իրեն չառնէր,
Ձը համոզէր·
« Ով դու Աղուէս, մոռանաս է՞ր,
Որ զիս ընծայ տըւաւ քեզ Տէր·
Ուստի նըմա փառք տալ պարտիս,
Ապա դառնալ վայելել զիս »:
Աղուէսն խաբուած՝ բերան բացաւ.
« Փառք քեզ Աստուած » հազիւ ըսաւ,
Ագռաւ թըռաւ, ի ծառն նըստաւ,
Վեր Աղուէսին խընդաց ըսաւ·
« Քեռիս, նախ կ'ուտեն,
Յետոյ ՓԱՌՔ կ'ասեն »:

Որչափ լինիս խաբեբայ,
Որչափ ըլլաս սատանայ,
Պիտի խաբուիս անշուշտ օր մը,
Քենէ տըկար խեղճուկէ մը·

Վըկայ լինին քեզ
Աղաւուն ու Աղուէս :
(Աշու–Ճամփէր)

Գ.

Էշ եւ Գոմէշ

Իմ հայր կ'ասէր, իրաւ սուտ էր,
Ճշդիւ չգիտեմ, շատ կ'աւանդէր.
Անտառին մէջ էշն ու Գոմէշ
Կը զրուցուայ օր մը այսպէս.
«Գոմշուկ, ա՛ Գոմշուկ,
Նայէ հիմաճուկ,
Ինչ որ ըսեմ ես,
Լըսես կատարես :
Մեք սիրով մինչեւ հիմակ
Միասին վարեցինք կեանք.
Սակայն վաղը՝ ճիշդն ըսե՞մ քեզ,
Խոստովանանք կը պահե՞ս,

Պիտի մորթուիս ,
Ով սիրելիս » :

Գոմէշ սարսափեցաւ .
— Մահու գուժէն ո՞վ չը վախցաւ — .
— Իրա՞ւ կ'ասես » . ըսաւ :

— « Այո , միթէ , չը գիտե՞ս դեռ ,
Որ այս օրեր տանտէր մեր
Ունի հարսնիք
Ու մեծ հարկիք .
Տըղայ ունի , պիտի կարգէ ,
Հարսնուկ ի տուն պիտի բերէ ,
Ու սատի ըզքեզ պիտի մորթէ ,
Հարկին առջեւ է՛հ , ի՞նչ անէ .
Բայց ես
Ըզքեզ
Կ'ուզեմ ազատել ,
Թէ դու մտիկ անել
Հաճիս
Խրատիս :
Այժմէն անօթի կաց ,

Ընկերս , կը հասկնա՞ս .
Դու թող տուր, որ ուտեմ ես,
Ինչ ուտելիք թէ տրուի քեզ,
Իսկ վաղն առտու
Կը պառկիս դու,
Գետին փռուած, ագլիդ տընկած,
Ձիւերդ փըռուած, լեզուդ ծըգած,
Երբ դ՚ան տեսնեն,
Յայնժամ կ՚ասեն,
« Գոմէշն հիւանդ է,
Շատ նիհարցեր է .
Մեր հարսնիքին դէր մըսացու
Ուրիշ տեղէ առնունք ծախու » :
Ընթերցող դու,
Գիտես ինչո՞ւ
Այն Գոմշուկին էջն այս տեսակ
Քալող կարդաց երկար բարակ,
Վասըն զի էր
Պեղաղուեր :
Բայց ամէն բան դէշ ու աղէկ

Իր վերջն ունի, ո՛վ Հայ տըղեկ.
Սոյն քարոզին էջ վարձքն առաւ,
Առակագրիս էլ այս խօսք առաւ.
« Վարձքըդ կատար,
Իշուկ աղբար »։
Գոմշուն արիւն քաղցէն դարձաւ,
Շրջան առաւ գըլխուն պարկաւ.
Երբ կռահեց էլ թէ էջ սուտ էր,
Սուր կոտոշովն Իշուն զարնէր,
Փորին զարկաւ, աղիք թափեց,
Շունչ ու հեւքը անդին խաւրեց։

Դ.

Աղուէս եւ Խեցգետին

Աղուէսն ու Խեցգետին
Պէս բռնեցին.
Թէ ո՛վ վազէ, ցորենին նախ
Հասնի ի դէզ, նա ըլլայ քաջ։

« Միայն զայս ես խնդրեմ քենէ,
Որ ինձ նշան տաս, երբ վազես նէ.
Մէկ հեղուկ պոչդ ի գետին զարկ,
Ապա վազենք արագ արագ։
Աղուէսուկը Խեցգետինին
Հաւանեցաւ աղաչանքին.
Այս մրցումին՝ հանդիսական
Կենդանիներն հրաւիրեցան,
Մեծ էր զարմանքն ամէն մէկին
Վերայ յամառ Խեցգետինին։
Աղուէսն իր ձետ զարկաւ,
« Հայդէ՛ Նայիմ » . ըսաւ։
Թըռաւ,
Հասաւ.
Ետին դարձաւ, թէ ո՞ւր տեղ մընաց
Հակառակորդն, երբ նա իսկ ճըւաց
Կոյտին վրայէն
Հեւկըռտալէն.
« Հաց ու գինի, Տէր կենդանի (*).

(*) Երդման ձեւ ի Հայաստան։

Ես եմ յաղթող, տէր անուանի»։
—«Վա՜յ անառակ, երբ դու հասար,
Սուր աչքէս էլ ի՞նչպէս պըրծար . . .»։
Դեռ սոյն իր խօսք աւարտած չէր,
Երբ այն բոլոր կենդանիներ
Ծափ զարկին ի փառս քաջին,
Աղուէսին յամօթ կըրկին։
Բայց, բարեկամ, գիտէ՞ս, ի՞նչպէս
Այն Խեցգետին նըման յաղթեց․
Երբ ձետն Աղուէս գետնի զարկեր էր,
Խեցգետինն էլ պոչին կըպչեր էր,
Երբ ետին նա դարձաւ նայեցաւ
Սա վէր գըլխին ցատկեց ու կեցաւ․
Պարծանօք ուժգին ձայնեց,
«Յաղթող եմ դիւցազնի մէջ»։

(ՈՂՈՐՄԻԱՆ է Տէր Մխիթար Գօշէ)

Ե.

ԿԱՏՈՒ ԵՒ ՄԿՆԻՔ

Մկներ Կատուին
Սուր ճըչեցին .
« Քուրիկ Կատու ,
Թող տայիր դու
Աւան տուեն ծակէ ելնել ,
Ոսկոր ու հաց լըզել կըրծել .
Ի՞նչ կ'ըլլար , երդմամբ փառաց
Ընկիր մեզ , քեզ եմք ծառայ ,
Մեռնիմք աչքիդ ,
Սուրբ արեւիդ » :
Ի գլուխն իր թաթ մէջ Կատուն այն
Տարաւ իջոյց երդմանն ի նշան .
Մկներն հաւատացին ,
Ի դուրս ցատկեցին ,
Զօրս և ճանկեց Կատուն այն չար ,
Որք և լային . « չէ՞ դու երդուեր » :

— «Թաթիկ ի գլուխ տանիլ միթէ
Կատուներու ե՞րբ բընոյթ չէ,
Մըկներս գէր
Ցիմարներ:

(Մխիթար-Գօշ)

Ջ.

Ուսումնական Կառապան

Պարոն Պալտօն ուսումն առաւ,
Կոկիկ ճարգիկ հագուած սըքուաւ;
Քըթին վըրէն ակնոց դըրաւ.
Քնքոյշ ձեռամբն պօռնչն առաւ.
Խօսեցաւ,
Պարծեցաւ.
«Էհէ՛, հիմա ես Թուրքերէն
Ֆրանսերէն էլ ու Արաբերէն
Աղէկ գիտեմ, իսկ Հայ լեզուէ՞.
— Աստր խօսքն էլ կ՚ըլլա՞յ միթէ ։

Բայց ի՞նչ ընեմ, ինչո՞վ զբաղիմ,
Դրամագլուխ էլ երբ քիչ ունիմ.
Սըւոր Նըւոր ըլլալ ծառայ,
Այդ էլ բանիս միթէ կուգա՞յ:

Որդ՝ յայտ է թէ, երբ եմ ճարպիկ,
Խելք էլ ունիմ, խօսք էլ կոկիկ.
Ձիեր ու կառք երթամ դընեմ,
Զիս կառապան հրատարակեմ:

Խմպլստան այս աշխարհի
Երբ մէկ հատիկ կառքըս լինի,
Խմպլստան այս աշխարհի
Երբ մէկ հատիկն եմ լեղուանի,
Մարդեր ամէնն ա՛լ պիտի գան
Քսակնին պարպել իմին դըրպան.
Երբ ոսկիներս համրեմ հաշուեմ,
Ի՛նչ ծախսեր պիտի անեմ.
Տի ծաղրեմ էլ այն հարուստներ,
Որք լոկ բաղդով են զարգացեր »:

Շատ խօսեցաւ, քիչ խօսեցաւ,
Շատ պարծեցաւ, բանն ի բրաւ.

Կառքով՝ ձիով շուկայ եկաւ ,
Մարդեր տարաւ , մարդեր բերաւ .
Բայց փորձանքն էլ գլխին հասաւ :
Չորս դող Հայեր խորհուրդ ըրին ,
Որ հախէն գան այս անփորձին .
Երեքն եկան ասկարկեցին ,
Որ յայս ինչ տեղ իրենք տարուին .
Իսկ խաւրեցին միւսն յառաջուց ,
Որ ի նոյն տեղ պահուի գաղտուկ .
Երբոր մտնին , միջոց գտնայ ,
Կառքը ձիով շուտով դառնայ :
Հէք Պաղտօն իր գլխուն
Չէր գիտեր գալիք ձուն .
Ուստի գոհ եղաւ ,
Առաւ ու տարաւ :

Բայց երբ ասքա կառքէն իջին ,
Որոշեալ գընէն պակաս տըւին .
Վէճն էր բորդաւ , Պաղտօն պնդէր ,
Իսկ հակառակն կ'ասեն դողեր .
Տուն կը մտնին , քիչ մը քալեն :

Կը հեռանան քիչ քիչ կառքէն .
Պաղտօն ետեւնէն
Կ'երթայ վիճելն .
Խուժանն ալ է, որ ա՛լ խըլանի ,
Միջնորդութեան դերով խօսի :
Այս խառնաշփոթ ժամանակին
Հոն պոռչուըստող միւս ընկերնին
Միջոց գըտնէ , ցատկէ նըստի
Վէր բազմոցին , այն թըռչունի
Սրարշաւ
Թըռա՛ւ ,
Երբ ձիերուն ուժգին մտրակեց .
Պաղտօյին ալ մուխը մարեց . . . :

— —

Փորձառութեան դասեր չառած՝
Մի՛ վազէք դուք ի հրապարակ ,
Ո՛վ մարդիկ
Միամիտ :

Ե.

Կրպօ եւ Բաղեղք

Խեւ Կրպօն կը ծախու առնու ,
Սագոյին հիւղ , աժան առաւ .
Տան որմին շուրջ Բաղեղներով
Ծածկուած էր շքեղ կերպով :
Օր մը Կրպօն սապէս կ'ասէր .
Ինչո՞ւ ծածկեն այս Բաղեղներ
Հիւղիս որմեր . տամ կըրակի ,
Թող հիւղիս տեսք դըրսէն բացուի .
Կըտրել նետել ինծի համար
Երկար բարակ գործ է դըժուար » :
Կըրակ տըւաւ . հովն ալ փըչեց ,
Բաղեղներն ալ , հի՛ւղն ալ այրեց .
Ի զուր Կրպօն պոռար ձայնէր .
« Ջուր բերէք , ջո՛ւր , հիւղս է այրեր » :

Ը.

Գէշ մարդը

«Թէ՛ ուրիշին փոս կը փորես,
Նայէ որ չըլլայ չը խորես,
Որ երբ դուն մէջը գլորուիս,
Այլ մընաս, ողջ դուրս ելնես».
Խմիկայն առածս երբ կը խօսէր,
Այս առակին և կը պատմէր:

— —

Մէկ չարասիրտ անիրաւ Մարդ
Չարիս գործէր միշտ շարունակ.
Ու աղքատիկ դրացի ունէր,
Որ մէկ կովով տուն կը պահէր.
Բայց գէշ Մարդը չար կը խորհէր,
Քանզի վաղուց աչք տնկած էր
Այս մարդուն
Գէր կովուն:
Տես մտածեց, թէ ինչ անէ,

Որ գիր կերպով շղթայն ձեռք ձըգէ ,
Ըրաւ չըրաւ
Հընար գըտաւ ,
Առաւ օր մը բահն ու թին,
Ելաւ գընաց լեռան գին ,
Բաւական խոր
Հոն փորեց հոր .
Յետոյ դարձաւ
Ինքնին ըսաւ .
« Երբ դրացիս կովուկն անցնի ,
Մէջը կ'ընկնի կը սատկի .
Ես քիչ օրէն յետոյ կուգամ՝ ,
Փարած մասըս նոր կը բանամ .
Կովուն կաշին՝ մորթին կ'առնեմ ,
Սուղ սուղ գընով կը վաճառեմ .
Բայց եկ տես թէ ի՞նչպէս
Տէր Աստուած զինք պատժեց ։
Այն օրերն երբ իր մանկիկ
Տուն բերէր իրենց կովիկ ,
Այն խորունկ փոսն երկուքն անկան ,

Ու չորաչոր հոն անդ մնացան.
Երբ վառ յուսով այս չար Մարդը
Վազեց գընաց դէպ ի փառքը,
Եւ զայն բացաւ,
Յանկարծ անտառ
Կաճն ու տըղեկ
Մնացած հոն անդ։
Քարին զարկաւ իր գըլուխը;
Թէեւ ուշ էր ժամանակը։

— —

Ով զաւակներս, բարի եղէք,
Ինչո՞ւ դէշ մարդ պիտի ըլլինք.
Հաւատացէք, թէ գէշութիւն
Ով թէ ընէ, կ'առնու գըլխուն
Անպակաս
Պատուհաս։

Թ.

Երեք Սուրբեր

Եպիսկոպոս ու Վարդապետ
Մէկ Սարկաւագ սուրբեր երեք
Պառաւի մ՚ տան
Հիւր եղան ։
Պառաւուկն՝ այն աղքատիկ էր,
Բանիկ չունէր, որ հրամցունէր.
Սագի մէկ ձու առաւ բերաւ,
« Ունեցածըս այս է, ըսաւ.
Հրամմեցէք,
Վայլեցէք » ։
Եպիսկոպոսն ընկերներուն
Սապէս ասաց. « Բաւ չէ այս ձուն
Մեզ ամենուս. լաւ է որ մենք
Աւետարանէն այսօր բերենք
Վկայութիւն. որինն և գայ
Յարմարաւոր, ձուն իր ըլլայ ։

Ինձ այժմէն եղիք դուք լռած .
«Ղազար, արի, ել արտաքս» .
Հաւկիթն խոկոյն մէջտեղ բերաւ :
Վարդապետն էլ վրայ բերաւ .
«Լուծէք զդա, թողէք երթալ» .
Եւ ձուին կճեպներ սկըսաւ ճար տալ :
Սարկաւագն էլ կոչեց խոկոյն .
«Մուտ անտառըն քու յուրախութ՛ին» .
Եւ ձուն տարաւ յիւրն ի բերան,
Կերաւ փոյլեց իբր յաղթական .
Որով կարծես մէր իւր ճըչղեց
Այս տուակին խիստ քաջաղէտ .
«Խօսքը մեծին
Ջուր պըղտորին» :

(Ի Ջառաբճալեա Մ. Թաղիադեանցէ)

Թ.

Խ ա ղ

(Ըստ հին Հայ խաղասացից)

Երթանք նայինք, ի՞նչ կայ ծովին.
Ինչէ՞ն է այդ ուռուցք նաւին —.
«Գացանք տեսանք, նաւ կայր ծովին,
Լայն կըտաւներ լարուած նաւին.
Հով կը փըչէր մէջ կըտաւին,
Կըտաւն ուռէր ի դէմ հովին»։
Երթանք նայինք, ի՞նչ կայ ծովին.
Ինչէ՞ն է այդ ուռուցք նաւին
Եւ նաւը կայ ծուփ յալիքին —.
«Գացանք տեսանք, նաւ կայր ծովին.
Լայն կըտաւներ լարուած նաւին.
Հով կը փըչէր մէջ կըտաւին,
Կըտաւն ուռէր ի դէմ հովին.
Հովըն շարժէր, ծըփէր ջալին,
Ալին զարնէր, շարժ տայր նաւին»։

Երթանք նայինք, ի՞նչ կայ ծովին.
Ինչէ՞ն է այդ ուռուցք նաւին.
Եւ նաւըն կայ ծովի յալին,
՚ւ ալին փրփուր հանէ քարին —.
«Գացանք տեսանք, նաւ կայ ծովին,
Լայն կըտաւներ լարուած նաւին.
Հով կը փըչէր մէջ կըտաւին,
Կըտաւն ուռէր ի դէմ հովին,
Հովըն շարժէր, ծըփէր ալին.
Ալին զարնէր, շարժ տայր նաւին,
Նաւէն փախէր, զարնէր քարին,
Քարն ուժ կուտար, այն փրփուրին»։

Երթանք նայինք, ի՞նչ կայ ծովին.
Ինչէ՞ն է այդ ուռուցք նաւին.
Եւ նաւը կայ ծովի յալին,
՚ւ ալին փրփուր հանէ քարին,
Քարն ինչպէս է կայներ ծովին —.
«Գացանք տեսանք, նաւ կայ ծովին.
Լաւ կըտաւներ լարուած նաւին.
Հով կը փըչէր մէջ կըտաւին,

Սլատան ուռէր ի դէմ հովին ,
Հովն շարժէր , ծփէր զայն .
Այն զարնէր , շարժ տայր Նաւին ,
Նաւէն փախչէր , զարնէր քարին .
Քարն ուժ կուտար այս փրփուրին .
Նա ինք չէր շարժեր ի մէջ ջուրին ,
Զի լաւ յենած էր աւազին ։
Ա՛յ աւազին .
Նաւ կայր ծովին .
Լաթ կայր նաւին .
Հով կայր լաթին .
Ջուր կայր ծովին .
Փրփուր ջուրին .
Քար փրփուրին .
Աւա՛զ քարին ։
(Յովսէփէն Տ. Յ. Մկրեան Պօղոսեանցէ)

Բայց քո ո՞վ է , ո՞վ յենարան ,
Իմ հայրենիք Մա՛յր-Հայաստան .
— Մասիս , Մասի՛սդ հըսկայական — ։

ՎՐԻՊԱԿՔ

Երես	Տող	Սխալ	Ուղիղ
62	5	կը կանչեն	կը կանչին
109	1	Որ	Իր
117	3	վատօրէն	վատօրէն

Ա. Հատոր երես 146 տող 19 «դժոխոյ» բառը «դշխոյ» պիտի լինի:

ՀԱՅԿԱԿԱՆ ՎԷՊ

Ա. Ընթերցող.

Գրեթէ այսօր գաւառական ամէն լեզուով հրատարակեալ դրուածներ կան. Թուրքիան-Հայաստանի, Պարսկաստանի ու Հնդկաստանի Հայոց գաւառաբարբառներով երկեր և վէպեր հրատարակուած խակ են, մանաւանդ Տփխիսու ՓՈՐՁ ամսաթերթի մէջ. Թող Խ. Աբովեանցի ՎԷՐՔ ՀԱՅԱՍՏԱՆԻ գրքոյկը, որ մեծ տեղ կը բռնէ իր տեսակին մէջ. Վանայ և Մշոյ լեզուով էլ Գեր. Գարեգին Վ. Սրուանձտեանց ունի իր ՄԱՆԱՆԱՆ ու ԳՐՈՑ ԲՐՈՑը. Թող ուրիշ այն հատուկտոր դրուածները, որք աստէն անդէն հրատարակեալ են: Փոքր-Հայքի և Կ. Պոլսոյ Հայոց աշխարհաբարն եւս, յայտնի է որ հէնց այնպէս անթիւ հրատարակութեամբք, մանաւանդ օրաթերթերով ։ Միայն Կիլիկեան Հայոց աշխարհաբարն էր, որ ցարդ չէր ունեցած իր այն գրիչն, որ զինքն ի լոյս հանելով՝ Հայ գրական աշխարհին ներկայէր ․ այս առաջին անգամն ես համարձակիմ ահա այն վէպիկով այս պակասը լեցնելու, ընտրելով Կիլիկեան գաւառաբարբառի գլխաւորագոյնն, այն է Զէյթունցւոցը ։

Բայց ո՞վ է Խրիկարը, որ Հայ ազգի մէջ այնքան մեծ համբաւ ունի ․ — այս հարցի պատասխանած է հոգելոյս Այվազեան Գաբրիէլ եպիսկոպոս իւր ՀԱԶԱՐ ԵՒ ՄԻ ԱՌԱԿԱՒՈՐ ԲԱՆՔ գրքուկի Յառաջաբանի մէջ ։

Բայց Նորա կարծիքն եւս ո՞ր աստիճան ստուգութիւն ունի, ոչինչ կարելի է ասել այժմէն ։

1880 Մայիս 1
Կ. Պոլիս

ՀԱՅԿԱԿԱՆ ՎԷՊ

Ա.

Խիկարի էշը

Մէկը կար, մէկը չկար, Դեղձնծիւր մը կար. ան (սա) Սուլթօն մը ունէր իր համօր շատ [illegible] ։ Իս ծէֆանէր մատնը մը ունէր շատ սուղ. իր [illegible] նիկլէօ հօրը քրմապէտը ու մինծիրը յուռքատուներն մէջը էն մատնըն Դէղձնծիւրըն իկլիծ մօտը կու գնին. Աստուծոյ Բարաջէն պտտըէր նէմ. հօնիւր էմ մատնը աչխարը մէջ չկէր, Դէղձնծիւրը Սուլթանին կուտօ իր մատնըն հօր մը, հասկցնել ուզլիս թէ «իմ քեֆս՝ իմ աչխորը գինն (քաշիղ) է»: Սուլթանը իր տուած մատանին հօր մը իր Օճուլըն կուտօ, գեղջկուհին է (ալ) կու խորհի թէ «կըշնըցըըը» (կոր-սնցուցի): Գեղջկուհին հօրը մըրին չօտ ըռաէֆէթ կընէ: Ասոր ան ճէճորը Սուլթանին Օճուլը կու բռնըխը խա-ղըմներուն մէկուն Պապիկին. Ան ատենը Օճուլը կու հանկըրծ ջըր (որ) ղըրախ խամշըմը, ան ճէճորը մատանին կու հանէ էնկէր Պապիկին կուտօ, կու խըլատը: Էս է մատնըն առօծը էէ Գեղջկուհին էխուըէն էշ մը կու դուշնը, կու փախչը:

Ճամբօնքը գիւղիր ըըսօ կու գօն, էշը կ'առնուն ձիւօցը, ղընք է էա-բալամէշ կ'էնին, կու թուղըն կ'անց-նըն կ'ուրթօն: Անկ քանը էօրէն ըրաքօվ մըրաբօվ Եղէոխ քաղըըը կու հասնը, ան ատենը ճըըըն ըըլաղուբէն մը մէջ իր նշը կու տեսնու , կ'որսայնօ , կուզէ որ դընէ , ջէնա-թէ էն իր մատնըն լըուն ատմըն մէջը պէհիր էր ։ Էն հիմակվուն լըուն տէրն է խիլք պակաս էր , նշը չէր ուզեր որ ծախէր ։ Էս է բռնէրը դէն առլէօվ , կ'ուզէր գընէլ , Թօ՛ հինգ ձէրիր խակի (ակիի) ձանից լըուն դէնը ․ էն ա-տինը ղուլուպուլէօը էս լըուն դէնը քէ-նէէս (այրքան) բօնարը տեսօն նը , ա-ըըն թէ «Խիկօր խնամատունըն ծէճոնէր քաքնէօղ էշը պխտի նը (ըլլայ)։ Դէ-գէվիւրին Պապիկ խօրթըմը լըուն տէրը ճըռօվ , խօշը սարօվ , ատնէքէ լըուն պէնը պխտի տօ ․ տեսօվ որ քէնիէն խակի ջուըը , էն ատինը վզէն բռնից խըղ-դից ։ Զօրըղաֆաթ էշը տուօծը էէծ մխա-խօվ քաղքէն դորս ։

Ճամբօնքը մէկ ատհօթէն օծուրը իրիք ծիտմլիր իլլէն հասան , էսիւր ամըն.

թէ « մենք քեզ հինգ հերիր ոսկի տանք , եդ էշը մեզ տուր , չենք զօռը-լէն կ'առնունք » : Խապըմ Պասլիկը ուրախութեամբ հինգ հերիր ոսկին առաւ ձօէ տէ , ուրախնէօլը էսիւր վերէն էր , ուր ածըլըն մէջէն ծէվահէր մառնըն հանիր էր , էնիւր համօր էշը տըվօվ : Պայպուրտ քաղօքը գնօց , խօն մը իջօվ . վից աւուր ածըլը , էն իրիք մէավիւրը խանըն մէջը ղընք գաօն , նիղանիկէօվ ասըն թէ , « էշդ օռ , մեր հինգ հերիր ոսկին տուր . մենք ինտէն (անանի) կու հասկընինք , ուր էշդ ծէվահէր կու քաքնէր , մէյէր մեր լսօծը նէօծ չէ էղիր » : Խըղճուր մէկմըկու հետ էս բանըն վերէն կու կըռուըն , ջուղէրնին խլին հասօն , ըէնդէ էս առինը Պասլիկին առածօծ ոսկը պակասին ըէշը գանըռկէօվ Պասլիկը ու գնաաւ[illegible] (ադքը) է կու մնացուցէին, շնորհք հինգ հերիր խելք միւս առնիլէօվ փախչիլ էին. էն ատինը ալլայէն է փախչիլ ուզիցին, է-սիւնց մէկը ալլայէնէ է պարպիտ էր, մեռիլ նէմի գիտէնը փուռուցով, հաշ-հաշ խումիր էր: Միկէլ իրկուքը փախ-չիլէօ ատինը բռնուցօն. Խանըն դրօնը առջիւը կու ճէնչին (ճչեն) թէ «մինք ընկիր ունընք, մեռիր է. Թաղինք ու էն ատինը կու գօնք, էն խաբխուալը իշուն տէրը՝ Պապիկը միրն է, բըռ-նիցէք ուր շարէօն իրմօնք»: Խոտէր-նուն մինծը նիշանիլէօվ կ'ըսէր թէ «դօք հօֆուը գայէք, իս մեռիլը կու հիգօմ; Պապիկն է բռնիլէօվ կու բի-րիմ»: Ալիրը դըհը Պապիկը էս բօնը լըօծը նէմի դօղդուղօց, շնորհք հէտէ-ջննին խօմկընալէօվ գիտացով ուր իւղորդը ալիտի խուսը, շնորհք չը խուսա նը՝ չէնը (չըլլար): Էն ատինը

Զապէլը սանդուխէն վրէն ոտոց ձին լսեցնը , լաօծը կեց , էն սուտ մեռ-նէօղ մօրը ուղունկինքանը ([illegible]) քարից (նեսէց) , դուռն է փակից , էնիւր տիղը լնք փառուիցով մեռել կեց :

[illegible] մինծը էսլենց ընկեր էն իրկուքը [illegible] ուղուրկեր էր , մինչ-վեր մեռելը հանկընալէօ հանօր ու խաբխուբէն Զապէլը բունելէօ կու-զեար , հէօն մօօծը կեց մեռելը գտօվ , ու խաբխուբէն չը տիսօծը կեց նիգա-նիլէօվ՝ [illegible] ձըւօց . « լէշիէտը (դադար) ՚ըերէք , էս չուն սատօկը տարէք թաղեցէք » : [illegible] լէշ-փէտին մէջը դրըվէօղ ուղ մօրը մե-ռելնուն մէջը թաղուիցով . իր մօքէ է՝ էշն է մատնըն է անէծք տալէօվ : [illegible] ուր շուրէ[illegible] ալիւր կարէր , իրկուքն է , էշն է հէօն իլօն ու ա-ւըն [illegible] թէ , « մինք մեամէա

մարդիկ ինք, առաջօնք կ'ն Էֆէնտի-
ին, թէ նշը Հէքիմ-ճին կու քաշէ, հինգ
հարիր ոսկի դնիցինք. կա ոսկին է,
կա մարդէն փիւխ առօնք, մեր ընկերը
որ մեռօվ նը, կէն է քէֆէն ասկէնք
ըտը, քէ կէն է կօսէօր մեռօվ»: Էֆէ-
նտէնուն միտն է, որ հէօճէ էր, կէն է
կնիւնց գրըցըն վիրէն խէօսք ըրոմ
ըմըցուց. «Թագուկցօվ է». ասօց:
Հէօճէ-Ճէյը ու էն ափը նասէօղ պո-
խօ մարդիկը իշուն ու կա մարդի-
ներուն վիրէն շօտ մը ծիծաղցին։
Անդրօ հէօճէ-Ճէյը կա փիւխ առօղ
մարդըն վիրէն հէյիէօվ ինակա ըս-
րէօճ կարից. «դօք էսինեցմէ հինգ
հարիր ոսկի ուզիլօ հօճ շունըք, ըէ-ն-
քէ քէֆէնիրդ մեռիր է։ Էօիր է ադօս
ին, իրինց բօնն ու գիւրծը թօւղ իր-
թօն, իւրուրըը փնտռխո նը՝ իշուն
անէծր կէրդէլօվ թօւղ միւթաւ-

ուրն » ։ Էն փիւխ տուէօղը տրամու-թէօմը դնօց, կս հրկուքն է ուրա-խութէօմը դայըն ։

Էսիր լաֆա-ծէի գլխիրը գիրիգմօն դայըն սուա մենուկ իրինց ընկիրը հա-նիլէօ համօր։ Փիրիցին (փորեցին), լա-ֆէն ի՞ւվ գանօն հէօն. — Պապիկը ։ Ասըն թէ «վա՛յ չօր (չար) մորդ, դուն է՝ էշկ կ անիծօծ իս, եօ՞րիկ (օ՞ւր է) միր ընկիրը» ։ Պապիկը ինչ վէնը ար իր կրօծը պատմից, ծիծա-ղիլէօվ ծիծաղիլէօվ ըննըմէը կը կու-նին (կ՛ըլլային). ամէնքը իրինցնէ մէկը խօսը ուղըրկիցին, ուր իրինց էն ըն-կիրը բիրէ. էն կ հաշհաշ խումիր էր նը, էնիւր վիրէն այխմէը էղիր էր, ինքըինք գիրիգմօնըն մէջը պիտի գըտ-նէր նը, աւաղըն մէջը գտնըվիլէօն համօր նաձէր էր էղիր ։

Իրիքը ու չիւրսը մէկտիղուիլէօվ

իլօն Էրզրումի գըրը, ճամբօնքը են ի-
վի՜լ վուրձօնքը մը աղւոր իլլին։ Էն է-
ռէջէն գիւղիրը ինչ ժամանակ ուր
ըսիցին թէ էշ ըռընտ էղիր է, հէմ
չօ՛տ սուղ ծախսուիր է Պապքիլին, Պա-
պիկէն է պաշխօ մարդիկօնց. քաղքէ
քաղօք, տեղէ տեղ փէշէկէշ կուննըն
էլը մնտռուիլէօվ։ Էն գիւղիրը աղւոր
կու գօն էսիւնց, ծիծիլէօ համար մէտ
քաշիլէօվ էշէն ու խնկիքը կ'ուզին. է-
սիր է կ'ըսին թէ «էշը հէօփէ-ջրին
քէօվը շուրէ-նը գէնատեղ (դատա կըռտ-
րողչէք) մեօց». —«է էշէ էւէ ծեփա-
հէ՞ր կու քաշնէ էշը»։ Մէտէօվ խաբ-
խուբը Պապիկը ցըցունիլէօվ. «էս
գիտէ». ասըն միկէ։ իրեք ընկիրը։
Պապիկն է նաշէր մեօց. ասօց թէ,
«իրօվ է, ինտան է»։ Գիւղիրը տէ-
շէնէչ էշօն թէ իրթօն շաթէն էշը
գուղնօն։ Ձիրթալէն էռէջ էս չիւրսը

ճաշակին մէջը հոգւոյ դրոշմ , գաղջն · չափին մեռք անգօն , բռնալիցօն ։ Նա առջին կը տեղն է Պօլիկին ապանօծին ձեռը — խնկը պակ ափն — գտնուելօ խաղերը հասիր էր · Պօլիկը կը փըն-տըռուէր ։ Գիւղիկը ասըն թէ , « իր ըն-կերոջն հիմը ֆըշ ծաղկին մէջն է » ։ Նօթէրնին դպրըն բերէն · իրեն բարօկ Ձէֆրէլ ընկէրօն ոճղըս՝ իրեքը փըթօծ (ապատեցան)· էն գ.ի դիրն է կախուլօ հանօր էջէլ էլօն , էնիւնցն մէկը ըոռըին կ՛ըսէր , թէ « ձեւէ էշն է պիտք է կախուը » ։

Դոռըն Պօլիկը ձըւօց ու ասօց , թէ « էշը իրօ՞վ է , ծէզահէ՞ր կու քաշէ » . Պօլիկն է մըսք էրօվ , իդարըը ասէ-նը՝ ըռնը , Դէգհմիւրին է ըսծակը գուղնէօղ պիտի համարուըր , « իրօվ է »· ասօց , չափին սարըն տոպ մը (ան-գամ մը) կու քաշէ ծէզահէր , էն չ պիտհիլն է միևակիւր խս ղխոխմ»։ — «Ին ակս է նր խեչս (քուկս) կեցիր . «Ինչը մեծնուր կրթօս նր , էն ատխնր ապ թէ հինգ հերիր խոկլն խս վճարիր խմ պաշխ։ մարդըկ էն մօրդը խղգօծ խն խս խապէր չուևըմ»։ Հեղզենոզէ ժէ դա-ւըն միկու մը րարխկմուԹըն էնէ նր կու խըլլար , խնչէս ի Պոլիկը փըր-Թօվ , խըլլասիցօվ , ղարըն է էշէկծէ ղուրծին էղօվ։ Եւ ամէնը խրուն զեր շէնըրէնը Հայաստանըն մէջը ղաղուճոշ էղօվ . Ըու Դէգէմիրըն անկօծը հա-նօվ , ուր էշն ու ղարըն տխսնուլ ու-զից , ու բերել տըվօվ։ Իրուր խլլին նը , Դէգէմիրին սխտին ղէժծէն ճէնչ-ցօվ էշը , ու ասօց թէ «Էււէ Պոլի-կին սարօծ էշն է էս»։

Դէգէմիրը Պոլիկը մնաւ [illegible]-նից (ելուց) , էնիւր միրէն Դէգէմիւ-րըն Սուլթօնը դ[illegible] մը բանից , թէ չինա (չըլլայ) ուր Պապիկը կու բըռ-նըւը, իր ծըռը դ·որս կ'ելլէ։ Էն ա-տինը կռատպաշտըն աւօք իրէցը ճըւօյց ու ասօց. Թէ «իս քու սըլըզին (տը-ղուն) հետը ընոշ իմ, երէն դ·որս պի-տի ելլէ, էնէր Պապիկը ծիռք անցնը-նը։ Դեգեվիւրը էս գիշերը խաղգիմ, գօն է տաւաւտուն ըծ մը իրեց ունըս-նը, Բէնդէհ էրօ, կուռքատունըն մէջը եղէօցք (ալօթք) թուղ էնին ժողովըր-դին հետը, ուր Դեգեվիւրին հալվի-րութինը անցնը ու կէնծնը»։ Էն ա-ռաւօտուն եղէօցք՝ ըտըբըն էրին, խունկ ծխեցին. իրիկվօն դէմ կէնծցօծ Դեգե-վիւրը ըրվընցօվ. անխիլք ժողովուրդը ճէնչիցին. «Եաշամըշ Թուղ նը միր Աստ-ուածնըն, ու միր Դեգեվիւրը»։

Էն գիշերը Պապին Դեգեվիւրին ռէ-բայըն դ·որսը ռուբէնըն մէջը կու բըլլէր (պտտէր), ռէշչէնմիշնալէօվ՝ թէ հօչէ՛ր ըսե՞ց (ի՞նչպէս) պիտի ընը. Եւ էթէ մատնիքն փախէ թեւերը լուսն աստղըն մէջը գրի՞ր է, ուր չկենը, ու ձեռք չէ ուն- ցի ուր փախչի. պէտքէն պէտք կու տխու- նու ուր սէրայըն պատուհանին միկեն ոստոկ մը վեր կ՚ըլնինը, վերը ձիւղը կ՚ըլնինը. ապշահար մունթումունթ ատին կու վազէ կու հանէ, կու բա- նը, մէջը չի՞րք (ի՞նչ) տեսնու. — Իր հալվիր Դեգեվիրը, կէս խեղդուած ու մեռած: Տալկեց խենդ տարօվ, էն տիղը ծախայեթ էշօվ, աղջուց ու ա- սոց. «Դեղեվիր, իրթօնք էս քաղ- քէն. պաշխե ծոհանէօվ մը քու հօյեքը պահուանք ու էս է պաշխե թեժար չէ կաննըննա, անծեխ իմ լուսն միանէք- թէօմըը»: Բացուածէն Երիվօն քա- ղօքը գացըն, Դեգեվիրը խանըն մէջը առթ մէջ դրօվ, ինք է թէժեէըլ մը քէօվ խըղ՜աթեէր էշօվ:

Թ.

Ճգնաւորըն հաւկիթը

Էօր մը տէճէրէն ինչ ճէրը ուր առը-տուամ էր, Պապիկն ասցէր թէ «չու-րո՞ւ (ինչո՞ւ) կօ տրտմըս» . — «Կէր ըշկէր հաւկիթ մը կէր քէօվս, հաւ-կթ ին կեղեւըն միրէն ԴՈԽՎՕԹ գըր-ուիր էր․ էն հաւկթով կու խաղի փօշ կու վտտակը․ հէն չէր կտրէր (կտա-րէր), դէ-Բէ-Ն աշխարհ հաւկցիր էր թէ մէջը սատանօ կօ, էնիւր հաւոր չկտրէօղ հաւկիթ մ'էր․ էս քաղքին մէջը ճէշ մը կէր, դէ իմ հիտը հաւ-կիթ կռուըցուց․ տխօվ ուր իմ հաւ-կիթը չկտրեցով, իրը կտրեցով, էն ատինը իմ հաւկիթը ըշալէն առօվ ձեռ-քէս, էսիւր ռեդըօ աղքատ կուՆա․

դէյի վախէս մըտք կօ կ'էնիմ»։ Պա-
պիկը ասօց դէմրէշին թէ «էյէր հդ-
հաւկիթը բերիմ՝ նը չի՞րք կու տես-
ինծ է»։ — «Հերիք խօսի»։ Պապիկը
գնօց, փէշին խոխը խըօվ. ասօց թէ
«ձգնէվիրէ մը կաքուսն հաւկիթն է․
դէւէը շուռւընմըշնալ ըշգիտէք․ հդ. հաւ-
կիթէն խըալու ձուկը (ձագ), տարըն
խոլք նօխըլ կու ծըտէ չօտ սուղ պըղ-
տիկ կուլօ (կըռր) նէրի ծէմռնէր․ մինա-
վիւր թէ հաւկիթին վիրէն նստէօղ
շօղէրը իս սխտի տիանուս ու սէհիմ,
շօնքէ հէտիւր պարպխտն իմ»։ —«Ցօտ
աղէկ, հսիւր օծղըլ դօն իմ ըռվռխ-
ծէն իս»։ Լոքէն Պապիկը նէռծէլէն ա-
ժըս մը շաթօր էգ խըլշէնը էրօվ ու էօր
մը հաւկիթն է ինք է չըրմէցօվ, կըշ-
նըվիցօվ։ Փէշէն շէոթօ էօրքեըլէնքէշ է-
ղօվ, էմը էրօվ թէ հաւկիթն ու գլուղը
թող տանըւը։ Նա օէգէղէօվը հաւ-

կիթըն չէնքէրէնը աշխօրք պաղեմէշ կ'ըօլ։

Պատլիկը հաւկիթը պէնչէրէսին ըրբօլ, լաքին պէնչէրէ ըօն մը չուվօլ, գլուանիլչօլ թէ. Պատլիկը վախտն չէ կանը ղընք քէշին խածլէ։ Եսիր միրին Պատլիկը շէպբը էօրթէլէնմիշ էզօլ, ուէրը ծիծլից էօլէած պէրէճէսինէ ղարըր. Հաւկիթն առօլ ու փախօլ։ Իկլք, Դէդէվլիրին սպառմից ու ասօց թէ՝ Ախախինք էս քաղըէն ձ։ Գիչիրէօլ գաղտակ փախուն, ճանիրնքը Հէյի (Հայու) մը տուն ծառաքէր էզօն պռէչխօ գէշէր մը։ Տէնրէչը էօրթէլէնմիշնայէն գնօց, քէշին խարըր ուվօլ, լաքին քէշէն ղընք կախից։

Քիչ գացըն, չատ գացըն, Դէհրօնմուռն, ծմրուտ մը տուն ծառաքէր էզօն. Էս է՛ հաւկունիլչօլ թէ էսիր չու քարը ունըն, աջէմշ էնիլէ կ'իլէ, էնիր ուր կու քնանին նը, լաքին հաւկիթէն ի վար բան չկարօղ։ Նախր է արմ·նյօն ու փոքրիկներ էդօն, հաւկիթը ուզեցին։ Ծփուտը էտոնց ասոց, Պապիկը բռու-նելէով. «Իմ զբիղ կու ճշնչեմ, ձե-զի հաւկիթը բերը տեսնել իմ զբիղ Էրիկոն քարօբը. հաւկիթն ոսկը իմն է աւելք, չէ-ն+է էս է հաւկըթըն մի-րելեցով շատ բան կրի իմ հէօն»։ Պա-պիկն է նորէն մնալեօվ կ'ըսէ թէ «Էս հաւկիթը Նոյ նահապետին ժեղէն մը-նացիր է իշխելէօ համար, անգինէ է»։ Ծփուտըն կնըկը ուր ճարգիրք (վար-դարանք) կու սիրէր, էօր մը հաւկը-թըն միրէ յէօվ ոսկուն ու անգինէ իր մէկ Ծփուտ Ալշերըն Աէքէյօր կ'էնէ։ Էն է խոկի ապուծօն մը կնիկօնը ալէօվ հաւկիթը կ'առնու, ձեռքէր էս ապուծոն է Աճէմ Դէզէվիրըն ոտքէն գողցուեր է էդիր. ինչ հօրտ էս կնիկան էրիկը պէտքը (շուկայ) ծախելէօ կ'իջնէ, կու բանիլը ու գիւղ կէմ հօֆօը կը դրուն , կնկօնը հետ . ընտանէք Դէգէվիւրը հաւկթը տեսնելէօ համօր խեւ կ'ունէր , տըը տարձօնը տալէով հաւկիթը աւնէօզը՝ տէպշնեճշնալէօվ թէ իր է մուրցօնք մը պիտի գօ , հաւկիթը պաշխօ հաւկթօց հետ խառնելէօվ խեմիկու մը կու ծախէ . ինչ վէպտ ուր տարձանըն տըը տէրը գիւղ կէմ Դէգէվիւրին կօ տարուը , կ'ըսէ թէ « տարձօնը իս հարուստ միկու մը տիրը չգիտանելէօվ , հաւկիթն է էն կնկօնը տուը , իմ կնըկն է պաշխօ հաւկթը հետ խառնելէօվ՝ ծախիր է » : Դէգէվիւրն է էս խէօսքըն վերէն քօն չասօց : Էս Դէգէվիւրին խօմպօսօ խօտըճըն ուր տարձօնը պօղցօծ ու ձվուտին ծախօծ էր , ձվտուն չնօրհակալ է . թէ ինչ էնկէօ համօր ձվտուն տանը ելէք ու տօօյ . « շնօրհակալ իմ ուր

զիս չմտածեցիր , լաւէն ես պիտի ա-
ռնեմ թէ Գաճեղաւորը հաւկիթը չէ՞ր
(ի՞նչ ըրիր) · ինծի է այնտը է տօն ։ եթէ
չի տօն կ'սպանեմ զքեզ » · Ճվուան է
նաճը մնոց ու խեւը ցացուց ։ Խանգարան
է ձիրք հրով չէրով տոօվ հնինեց ։
Սուրբ Պայլիկն է , ուր պարօտ էր ,
հաւկիթը կ'նըլըմեր ցոն վիրէն խև կ'ու-
նէր , շէնոք հաւկիթէն իր մինծ վառ-
տօկ մը կօ տէօյ կու հաւկընէր ։ Գի-
շեր մը Ճփտուն տուտը մօվ , Ճփու-
տը բանից ու « կ'սպանիմ զքեզ , տու-
սոց , հաւկիթին եօր կինօլը տօն » ։
էն է խանգարը ցըցուց ։ Պայլիկը տէա-
շէնոք հզօվ ու դէւը հօր մը գլնք
կու խանչէ տէօյ բանից խողդից · ու
իկեք խանգարանին քէօփը եռոէնթերու-
թէն մաւով ։ Իր ընկեր Դէգէմիրն է
խանըն մէջը տուր մը մէջ դըրօվ ։ Էօր
մը Պայլիկը խանգարըն սիրօծ մէկ

կնկօնը ինտէս ասօյ. թէ «խամպարը հաւկիթ մը ունը, ընիւր խանիմին գլոխն օմ (որու) իրիս քասը նը, արեւ կէճ փարլամըշ կ'ունը, կնըկն է քէլէշնակէօ (գերեզմանատուն) համօր կու խունէնկը. ամէն ասոխ խամպարը ծածէր օսամրըրմըշ երօվ, թէ մէկ ուրա (օրուան) համօր կը ելօ, խամպարը նէհայէթ ալըվօվ: Պասլիկն է գալաւճկ էն կնկօնէն էօր մը ասօծը կէճ փախօվ: Մէյէր հօս է Դեղձեմիւրին օթէկէ-ւէ-նէ շիր է, Դեղձեմիւրին խամշիգ ուր Դեղձեմիւրն է երօվ չէրօվ Պասլիկը բռնիլ արիրիկ ալօվ, հաւկիթը ափսօվ: Խամպարն է իր խըրըմըթ+չարըն հայէֆ ասնիկէօ համօր ասօյ թէ «հս մօրդը մինակիւր ղ իուշ հս հաւկիթըն օրոը, էմմին էօր կու ծիծը ուր օրոը բերնէն հանը»: Դեղձեմիւրը շաշըրմըշ էմը երօվ ուր կախուլը: Պասլիկ իր վախէն ասօյ, թէ

«Դեզգեմիր, չոռ տալլա, հաղար բեռ Աւխտարօն վկօ թէ միջ ամսուն ունգրս էգ հաւկթէն սրխ կէծ քելէ՛շ աղջիկ մը սպիտի ըլլէ. Էշէր իմ' էս տօծը չի ծընէ՝ կըս սպանէ կուխէ »:

Ինչ քեֆ ուր միջ ամիս կօ կըլմընէր նը, Թասլիկին է ոտը կօ փըրթէր մախէն. ըսէնք սուտի սպիտի ըլլէ ու կախսուը: Միջ ամբուլ չըմընցօծ՝ եօր մը եւէջ հոգուդօրմ կէծ էր արտմուխթենէն, անխարծօկի Սուլթանըն Լոււթէլ խալըք մը համօր ասնիլէօվ (ասավնորդուխլ) Սուլթանըն տարուխցօվ, ուր Սուլթօնը իր առծ. «իրօ՞վ իս, վօղը սպիտի ըլլէ՞ էդ աղջիկինը հաւկթըն մէջէն ». Թասլիկ դուղդուղելօվ ասօց. «հրամմիր իս»: Սուլթօնը ոէ-ըէ-ծէ եղիր էր թէ էգքելէշ աղջիկինը լըւէ նը, Դեզգեմիրը սպիտ հանէը, ու ինք է իրխօք սպիտի

ընկնը. Եւմին ճէտ է Դեզեմիւրն է
հաւկիթը իր նշանտուքը կու պէհէր, եւ
կնիկը առջի գիշերը Դեզեմիւրը հար-
բեցնելեօվ շուշէն գալը նէր գիշերա-
կէօ. հաւմծ էն աոինը առոց Պապի-
կին Բէտրէ, « ու էս հինդ հէրիր խա-
կին, ու հաւկիթդ է. եւ քաղքէն,
էւ Դեզեմիւրըն հուղըն մըջէն գորս
իւ. տաշծ մը չէրմըշոս, քու խաքը
եշէտ է։ Հաւմծ րիզ ախիւսէն մը
մը պխտի տրալը, ու ճառըշէ մը զըլ-
ճուղըտեծըշ պխտի նըս զը լիբթօս »։ Պա-
պիկ առըէն էնտէս նէծ գորս իլօվ, ու
իր ընկիր Դեզեմիւրը առօվ Բազա-
անըն գըշը գնոց։ Անէմուն Դեզե-
միւրը հաւկթըն անկարծօկի կշնաւիլուն
միրէն, չը՛ս արտմիր էր, Սուլթօնէն
խրատուեօղ մէկ հէլմիւր կնըկ իիկը-
տոոց, թէ « պըջկին խլիեօվ մախիւր-
է, չորս՛ւ ըչըշ կօ կէնխա գօն »։

Էս տունը հաւկթըն մինծ չէն ա-շէնքէնը Հայաստան հասնի էր, Հէ-յիրուն սուտ Դէգէվիւրն է հաւկիթը տեսնալէօ համօր չատ տըղա կ'էնէր: Պապիկը էն տըղէնը ժամանոկը մախ-ցնիլ չուզից, Բէտոէն ըշխոջէթնալով՝ Դէգէվիւրըն խրխը լըօվ մէկ տուղը-նէօվ մը ու ասոց. «էշտէ էս է էն հաւկիթը, հաւկթըն մըջէն աղջիկնը լըօվ. լոխէն Անէ-մու Դէգէվիւրը չհաւ-նիլէօվ Բէտըրը իր տիղը մաօվ, հում-մին մէջն է. վից ամսուն օծղըր նիւր կիւլէն էվէ (կըրկին անգամ), Աստոծ տօ, ուր քից հաւնը....» Դէգէ-վիւրը չօտ ուրախցօվ ու ուզից թէ չիրք գօխցէհ տօ: Պապիկն է ասոց. «Էլխեօրը խըթօմ, ինչ էչը հաւնըմ նը, էն առնում»: Դէգէվիւրը հրա-մանք էրօվ: Պապիկն է իշուն աէր է-գօմ, էնիլէօվ է ծէրմէհերըտ մատնքըն ամէր էշով, ու իր ընկիր ձէրվիր Դէ-գէմիւրըն բերով:

Հէօն Դէգէմիւրին ասօց, «չօ՞ն իս (ի՞նչպէս ես), չիրք կօ կուէնըս (ի՞նչ կ՚անես)»: Պապէկ էն գիշերը հիտը հօյ կերով, խաքը Դէգէմիւրը հիտը տանիլէօվ մէկ մէկ հօտ մինծ մարդ-կոցը տարով, ճէնչցուց, խնդըրճըր էրով: Մինչէ էօրը կուռքիրուն չաստ-ուածնըն մէկ ալըն (մէծ) էօրն էր, ժողովուրդը կաքատունըն մէջը ջօտ էր, անկարծօկի հէյթէնըս հէրվէր մը ճարտըրուօծ էշ մը հէծիր էր, ու կըռ-քատունէն ներս մանիլէօվ՝ իշուն է-ջօվ՝ բախը իլով, ձանձը ձէնով ճըռ-ճըռօց. «Դօք չաստուածնը, չահօր էք, ուր իս իմ աշխարհըս ամէրը ու Դէ-գէմիւրը. էս ճէմպհէր մառնըն, ուր դըս կուծընիր (կ՚ածէն նէ), էն տօրնը ձինէց տառա̈ցէնըն, էշէ նիւր ձիգ կօ

տօմ․ կը մինծիրուն ու ժողովուրդըն
վրլէն դէգէլվերութըն մուղ էնէ ...
ռասաւ՝ ըսաւ լեռի կնըկ մը, իր Օչ—
շին հիտը»։ Մինծիրն ու ժողովուրդն
է Դէգէլմիւրէն կը խէօքըն վրէն
սարսափիցօն, ձէնչյօն ըլնք ու ձը-
ւացըն․ «ոէլ տուննք»։ Կուռքի-
րուն տօղ․ կրէցը էս բանըն վրէն
շամբուշ եղօվ, խիքը գլօխ թռօվ ու
ձըւօց․ «իրօվ ուր կն Դէգէլմիւրն է-
էս, կս է ուր մեռլնուն մըջէն տալ-
ցօվ․ յարութիւն առօվ։ Խուղուրդ իս
դօն Աստուծ․ ժողովուրդ, իմ տղէն
Սուլթանըն ըսօղն է․ խրկուքն է՝ իս
է մեռնիլէօ ծառաներուն ինք, շէնէք իս
է էնիւնց փառքընըն մասնակից էղօ»։
Իս աշօծը կէծ շուքն կլուղը խէթից ու
էրինը ծռայէօվ կն տիղը գլօէնը մըռ-
ուիցէօվ։ Իշխէ լինէս ծամբընքէօվ
Դէգէվլիւրը էռէջ հաւկթըն շընիւր

քէօվը իշուն տէր էղօղ, խաչն է ի-շուն շնիւրքէօվը մատնըւըն տէր էղօղ, մատնըլէօվ է թագըն տէր էղօղ։ Աօըւ Սուլթօնը ու Օյնօշը (տարփած ու) կախ-ու խցօն ու սպատիժնըն ասըն ։

Էս իշուն քարէ պատկերքը Բագու-անըն մէջը դրուխցօվ, ասմըլըն միրէն է դրուխցօվ հաւկիթըլ։ Էս քարէ պատ-կերքը Բօ մինչեւ Գէորգիւր (Գրիգոր) Լուսաւորչօ էօրը միր Հէյերունէ կու պաշտուէր (*) ։

(*) Սխալ է այն կարծիքը թէ Զէյ-թինցիք Դէր Աը Օ կը հնչեն ։

ԱՌԱԾՔ

Ուր կերաւ եղն ու ձմեռը ,
Ուր զարկաւ գլուխը դուռը :
Պագը առնէ Հայրապետը ,
Ձեռքին քաշէ Կարապետը :
Կալն ու կուժը
Մամին հարսնիքը :
Ջիւմ աղն եկաւ ,
Մատաղ վերցաւ :
Տունը խախուտ
Մոհոնո կարկուտ :
Անգէտ հիւընդին
Վարունգ կաղանդին :
Կերել է կարագը ,
Փախել է մարագը :
Ես կը սանիմ Նախերը ,
Ան կը փախչի ախիւը :
Երթանք վերի օտան ,
Մկներն մէջը գոռան :

Ես գիտեմ թէ քարոզ կու տան,
Մէկ մէկ կալըւ աղջիկ կու տան։
Թուքը բուսխ
Ջարնեմ ճակտիդ։
Իշուն գըլխոյ
Գիժին քարոզ։
Տապպակը տապկըլին,
Սուլտանլիկը ծակին։
Իշուն ի՛նչ բոժոժ
Ճանճին ի՛նչ վըշոց։
Մեր աքլորին կտուցը
Ճգնաւորին խուցը։
Խիկար, բան կայ բան չըմանիր,
Հաւկիթ կ'ածէ հաւ չըլմանիր։
Քարոզ մը տամ, մըտիկ ըրէք,
Ինձ էլ հազար երնէկ տըւէք.
Հաւկի՞թն է հաւէն,
Թէ հաւն հաւկըթէն։

ԳԱՒԱՌԱԲԱՌՆԵՐ

Աչել, նայիլ։
Աչել, աչք ընել։
Ապուկել, բանիւ նախատել։
Բուխարիկ, ծխնելոյզ։
Գաշել, փնտռել։
Գիժ, խենդ կամ խեռ։
Եղջուրձ, ձեռան վրայի սառը։
Թաշկել, յոգնիլ։
Թնթուկել, ոտքի տակ առնուլ։
Թորթել, բարակ ձուն գալ։
Թուխիլ, մթալ, նստիլ։
Թրուբուալ, հեծկլտալով երերալ։
Ժղլել, սուտ փաստաբանել։
Իրիշկել, դիտել և նայիլ։
Իլիւիկ, իլիկին ծայրի կլոր գործիքը։
Լաճօ, լամուկ, ծօ, տղայ։
Լերջ, սպաղուն։
Լիլլ, խեռ։

Յորէն , ընկու , մորքոյ ․

...րին , ... րին հայց , տօմանէր և գինով․

... և լուաշ , բարակ հաց , ֆէդէ ․

...ուղմթ , Նուէրցու բան ․

...ունել , աչաց փայլ տալ ։

Յու գլուխ , խուռմբը ․

...ամիսոր , կամաց ․

...ալ և կոպալ , բիր , սօփա ․

Կյոծ , հացի տեսակ մը ․

Կյուշբիկ , կռթխայ , բածակ ․

Կյուկի , դդալ ․

Համբայ , գիւղի աղա ․

Հարկիր , կերակուր ․

Հուփչման , յաւերժ ամամ ․

... , պէտքեր բառ Զէ յթինցուց ․

... , չոկէլ մազը ․

... , Յիմակ ․

Ձորգիկ , սիրուն , գեղէք ․

Ճարտուկ , լայթուն ․

Ձիժ , պիժ , սղտիկ տղայ ․

Ձմուռ, խըղով և մեղրով եփուած հաց.

Ճուլլիկ, ճերմակ մազոտ.

Ճուտ, պաւակ, ձագ.

Մաժել, շփել.

Մալէզ, տեսակ մը ապուր.

Ման, կաթին վրայի սերը.

Մարի, զարմացման ձայնարկութիւն.

Մլել, խոթել.

Մկա, հիմակ.

Մղեղ, փոքր մժեղ.

Մոլա, ծեփուած.

Մռել, մտիկ անել.

Շէքել, սէգ քալել.

Շորորալ, երերալով քալել.

Շուշտել, տարակուսիլ.

Շուշտակ, կանանց սամոյր.

Ջուր, մինչեւ.

Պաճիկ. մանկան պառկիլը.

Պիկ, բոպէից բոպէ.

Պլիկ, Երախայ.

Պըր, չարոց.
Պոպոկ եւս կթուն, պտղի միջուկը.
Պուկ, կոկորդ.
Պուտ, կաթիլ.
Ռէս, գլխի գլխաւոր.
Սթրել, տեղաւորել.
Վէր, վերայ.
Տատ, մօր կամ վարպետին մայրը.
Տաախել, աշխատել.
Տիտիկ, Նատիլ.
Տողիկ, տեսակ մը հաց.
Տուճիկ, կարաս.
Տատօշ, չատախօս, բերանբաց.
Տօլ, ջրի դդում.
Փակաչ, ոչխարի մականատեղ.
Փաճօկ եւս կորճ և խոչօր, կեղեւ.
Փունճիկ, հացի տեսակ մը.
Քաւոր, կնքահայր.
Քէչէկ, տեսակ մը նաւակ գետի.
Քոչիկ, գաւաթ թաթառ.

www.ingramcontent.com/pod-product-compliance
Lightning Source LLC
Chambersburg PA
CBHW060450170426
43199CB00011B/1159
* 9 7 8 2 0 1 2 6 3 4 4 0 4 *